MANA

Titel von Almut Irmscher in der Reise-Lesebuch-Reihe (ISBN: 978-3-95503-...)

Das **Island**-Lesebuch (127-5)
Das **Norwegen**-Lesebuch (130-5)
Das **Dänemark**-Lesebuch (133-6)
Das **Irland**-Lesebuch (136-7)
Das **Schottland**-Lesebuch (139-8)
Das **England**-Lesebuch (142-8)
Das **Portugal**-Lesebuch (146-6)
Das **Italien**-Lesebuch (149-7)
Das **Griechenland**-Lesebuch (152-7)
Das **Schweden**-Lesebuch (177-0)
Das **Kroatien**-Lesebuch (180-0)
Das **Toskana**-Lesebuch (183-1)
Das **Namibia**-Lesebuch (200-5)
Das **Nordsee**-Lesebuch (215-9)
Das **Ostsee**-Lesebuch (212-8)
Das **Spanien**-Lesebuch (209-8)
Das **Sardinien**-Lesebuch (231-9)
Das **Bayern**-Lesebuch (258-6)
Das **Österreich**-Lesebuch (260-9)
Das **Provence**-Lesebuch (269-2)
Das **Corwall**-Lesebuch (271-5)

Titel von Gunhild Hexamer in der Reise-Lesebuch-Reihe:

Das **Kanada**-Lesebuch – Der Osten (186-2)
Das **Kanada**-Lesebuch – Der Westen (189-3)
Das **Kalifornien**-Lesebuch (203-6)
Das **USA**-Lesebuch (218-0)
Das **Florida**-Lesebuch (254-8)

Titel von Almut Irmscher in der City-Lesebuch-Reihe:

Das **Wien**-Lesebuch (234-0)
Das **Rom**-Lesebuch (237-1)
Das **Hamburg**-Lesebuch (240-1)
Das **Venedig**-Lesebuch (243-2)
Das **Amsterdam**-Lesebuch (252-4)

Bibliografische Information der Deutschen Nationalbibliothek
Detaillierte bibliografische Daten sind unter http://dnb.dnb.de abrufbar.

Titelfoto: © fisfra - Fotolia.com (Crete Senesi)
Bilder im Innenteil: Almut Irmscher, Grafiken: Tabea Sudrow
Umschlag, Satz, Layout: MANA-Verlag
Druck: Dardedze, Riga, EU

ISBN: 978-3-95503-183-1

MANA-Verlag.de:
Reise-Lesebücher

Almut Irmscher

Das Toskana-Lesebuch

Impressionen und Rezepte aus dem Land von Kunst und Genuss

Einführung

Wie kaum ein anderer Landstrich Europas hat die Toskana die Entwicklung der abendländischen Kultur in den vergangenen Jahrhunderten geprägt. Hier war es, wo Philosophen, Wissenschaftler, Dichter, Maler und Bildhauer die entscheidenden Anstöße dazu gaben, den Weg aus dem Dunkel des Mittelalters hin zur Neuzeit zu beschreiten und damit unsere heutige Welt überhaupt erst zu ermöglichen.

Die Epoche der Renaissance, der »Wiedergeburt«, gab von Florenz ausgehend Impulse, um ganz Europa aus dem mittelalterlichen Dornröschenschlaf zu reißen. Adelsleute aus dem Geschlecht der Medici förderten die schönen Künste, Freigeister lösten sich von den restriktiven Beschränkungen althergebrachter Glaubensdoktrinen. Endlich las man wieder die Philosophen des klassischen Altertums, die Schönheit erlebte eine triumphale Rückkehr in das Leben der Menschen. Aufgeklärter Humanismus trat selbstbewusst neben die starren alten Gebote, erstmals erkannte sich der Mensch als Individuum und pochte auf sein persönliches Recht auf Glück.

Es geschah nicht zufällig, dass diese Entwicklungen in der Toskana begannen. Denn sie ist eine uralte Kulturlandschaft, erwachsen aus der eisenzeitlichen Villanovakultur, geprägt vom geheimnisvollen Volk der Etrusker und später vom nahegelegenen kosmopolitischen Rom.

Als das antike Rom verblühte, blieb die Stadt doch als Sitz der katholischen Kirche während des ganzen Mittelalters das wichtigste geistige Zentrum Europas. Hier pulsierte das Herz der Epoche, alle Wege führten nach Rom. Doch führten sie dabei auch unweigerlich durch die Toskana. Deshalb sammelte man hier während des gesamten Mittelalters Impulse aus allen Regionen Europas – die Toskana stellte einen Schmelztiegel dar, in dem stets die neusten Informationen des Kontinents zusammenflossen.

Ihre reiche Geschichte hat die Toskana zur kulturellen Schatztruhe Europas gemacht. Aber hier gibt es auch einige der herrlichsten Landschaften des Kontinents, es gibt köstliches Essen und wunderbaren Wein. Begleiten Sie mich auf einer Entdeckungsreise durch dieses großartige Land, lernen Sie mit mir Menschen, Städte und Besonderheiten kennen, erkunden wir gemeinsam die Natur, kosten wir Leckereien aus der verführerischen regionalen Küche. Zur Abrundung der Eindrücke erwartet Sie ein Fotoalbum mit vielen Bildern aus der Toskana auf meiner Website www.almutirmscher.de.

Willkommen im Land von Kunst und Genuss – benvenuti in Toscana!

Politik im Weinglas – die Toskana-Fraktion

Wie in weichen Wellen fließt die Landschaft bis zum Horizont. Sie gleicht einem kuschelig ausgebreiteten Tuch, in das man sich behaglich zurückziehen möchte, oder dem Meer, das ein wohliger Hauch zu sanften Wogen kräuselt. Auf einen der Hügel führt mit weitem eleganten Schwung eine Allee aus alten Zypressen hinauf, und oben thront im goldenen Licht der Abendsonne ein einsames Steinhaus. Unter seiner weinberankten Pergola steht ein Tisch, gedeckt mit Brot, Käse, Salami, Oliven und einer Karaffe feurigroten Weins.

Hier sitzt ein distinguierter Herr, hat sich gemütlich zurückgelehnt und lässt seinen Blick genießerisch über die Landschaft schweifen, über Weinberge und Olivenhaine, über Weizenfelder, deren Halme sich im Hauch der Abendluft leise wiegen. Genüsslich schmeckt der Mann dem Bouquet seines Weins hinterher, senkt die Lider und schwelgt in Schönheit. Der Schönheit dieser Landschaft, der betörenden Düfte von Rosmarin und Thymian, der warmen Erdfarben, des köstlichen Essens, ja, der Schönheit des Lebens an sich.

Vergessen ist aller Klassenkampf. Aus dem alten Rebellen der 68er-Bewegung ist längst ein Genussmensch geworden. Nach so viel Einsatz auf der Straße hat er sich seine Belohnung redlich verdient. Zufrieden denkt er an sein Lebenswerk. Er hat viel erreicht. Und nun beginnt der nächste Abschnitt.

Von der APO in die bürgerliche Welt der Politik. Er hat noch große Pläne. Er ist Joschka Fischer, und er wird nicht als Steine werfender Demonstrant in die Geschichtsbücher eingehen, sondern als deutscher Außenminister.

Es muss gegen Ende der Achtzigerjahre des letzten Jahrhunderts gewesen sein, als der Begriff »Toskana-Fraktion« in den Medien aufkam. Wer als erster davon geredet hat, lässt sich nicht mehr wirklich eruieren, doch mehrheitlich spricht man die Ehre Klaus von Dohnanyi zu, dem eloquenten Hamburger Bürgermeister der Achtzigerjahre. Wobei der in feingeistigen Kulturkreisen verkehrende SPD-Mann gut selbst in die so bezeichnete Fraktion hineingepasst hätte.

Doch er meinte eine Gruppe von Politikern und Intellektuellen, die er dem linken Spektrum der Gesellschaft zuordnete und von der er sich tunlichst abzugrenzen trachtete. Diese Leute kamen aus dem Lager der 68er-Rebellen und hatten in den Achtzigerjahren eine Metamorphose vollzogen. Vom jugendlichen Revoluzzer hatten sie sich hin zur gemäßigten linken Mitte bewegt, die Rohdiamanten linker Ideale zu vornehmen Brillanten abgeschliffen, die besser in die Colliers eines bürgerlichen Vordenkertums passten. Deshalb ist die Zuordnung zur Toskana-Fraktion auch nicht etwa schmeichelhaft gemeint. Es schwingt dabei ein augenfälliger Spott mit, der die Selbstgefälligkeit und die Ermattung des Kampfgeistes der Betreffenden belächelt. Er kritisiert die alternden Revolutionäre, die den jugendlichen Idealismus gegen Bequemlichkeit und Genuss eingetauscht haben, die ihre Ziele und Ideale auf dem Altar des Wohlstands geopfert haben.

Die Toskana reifte in diesen Kreisen zum bevorzugten Urlaubsziel heran. Hier konnten die alternden Jugendprotestler ihre vom Revoltieren erschöpfte Seele baumeln lassen. Eine wundervolle Landschaft, Stille, eine jahrtausendealte Hochkultur und dazu die großartigen Köstlichkeiten der italienischen Küche, unbekannte Welten für die deutschen Kinder der Fünfziger- und Sechzigerjahre, für die der Gipfel kulinarischer Exotik noch im »Toast Hawaii« bestanden hatte.

Während der Großteil des gemeinen Volkes sich lärmenden Massenurlaubszielen zuwandte, fanden sich die Feingeister der linken intellektuellen Elite in der edlen Beschaulichkeit der Toskana wieder. Otto Schily, vom Terroristenverteidiger und frühen Mitglied der Grünen allmählich zum eher konservativen, wenn nicht gar reaktionären SPD-Mann gewandelt, erwarb gleich ein ganzes Landgut bei Siena. Sein Parteigenosse Peter Glotz verbrachte jeden Urlaub in Castiglion Fiorentino, Oskar Lafontaine erwählte Capannori bei Lucca zu seinem bevorzugten Ferienort.

Man sichtete die Österreicher Michael Häupl und Alfred Gusenbauer, beide Mitglieder der SPÖ. Auch Gerhard Schröder und Björn Engholm bezog man in die neu geschaffene Fraktion ein, obwohl Engholm nur ein einziges Mal in der Toskana Ferien machte. Er fiel allenfalls durch italienische Designeranzüge und seine Vorliebe für italienische Weine auf. Und Schröder verbrachte seinen Urlaub in Spanien, an der Nordsee oder in Positano. Es dauerte bis zum Jahr 2003, dass er erstmals in der Toskana gesehen wurde.

Allen voran wies man aber mit dem Finger auf die Riege der grünen Führungsschicht jener Jahre, auf Claudia Roth, Jürgen Trittin und Joschka Fischer. Deren auffälliges Bekenntnis zu toskanischem Genuss irritierte ihre puristischen Anhänger und trug ihnen den Hohn der politischen Gegner ein. Hatten sie doch wohl klar erkennbar ihre Lebensphilosophie radikal verändert, waren vermutlich sogar bürgerlich und faul geworden, was man zumindest Roth und Fischer auch äußerlich anzusehen glaubte. Ganz offensichtlich zogen sie ein leckeres Bistecca alla Fiorentina, cremige Profiterole und ein feines Fläschchen Brunello dem politischen Einsatz deutlich vor.

Der Begriff »Toskana-Fraktion« wurde deshalb auch oft von Kritikern aus den eigenen Reihen der Betroffenen benutzt. Besonders in der SPD tat sich der eher spießbürgerliche Flügel damit hervor.

Es herrschte damals eine Zeit, in der noch kleinbürgerlicher Mief die westdeutsche Politik durchwehte. Der durch die Wiedervereinigung angestoßene Aufbruch stand erst noch bevor. In Bonn regierte eine konservative Koalition, an deren Spitze Helmut Kohl mit Altherrenstrickjacke und seinem erklärten Lieblingsgericht »Pfälzer Saumagen« selbstzufrieden aus der guten Stube herausgrinste. Da war es nur natürlich, dass die jüngere Generation misstrauisch beäugt wurde, als sie aus dem staubigen Muff heraustrat und italienische Lebensart für sich entdeckte.

Doch toskanischer Lebensstil ist keineswegs gleichzusetzen mit verschwenderischer Dekadenz und opulenter Völlerei. Ganz im Gegenteil. Das Besondere an der Toskana liegt im Einfachen, Bodenständigen und Schnörkellosen, verbunden mit Stilsicherheit, Geschmack und Harmonie. Und verbunden mit einer einzigartigen Kulturlandschaft. Das alles übt eine Faszination aus, der man sich kaum zu entziehen vermag und macht die Toskana zu einem ganz besonderen Fleckchen Erde, voller Zauber, Anmut und Schönheit. Wer möchte sich da nicht der Toskana-Fraktion anschließen?

Frittata con pancetta – Omelette mit Speck

Zutaten für 4 Personen:

150 g durchwachsener Speck
½ kleines Ciabattabrot vom Vortag, in Scheiben geschnitten (ca. 8 kleine Scheiben)
8 Eier
8 El Milch
1 rote Paprika
1 Zwiebel
2 kleine Tomaten
8 hauchdünne Scheiben Lardo di Colonnata (weißer Speck aus Carrara, erhältlich in ital. Delikatessenläden oder im Internet)
½ Handvoll Basilikumblättchen
Olivenöl
Salz, Pfeffer

Zubereitung:

Den durchwachsenen Speck in kleine Würfel schneiden, die Brotscheiben in Würfel von ca. 2 cm Kantenlänge schneiden. Paprika und Tomaten waschen, putzen und würfeln, Zwiebel schälen und würfeln. Die Lardoscheiben jeweils halbieren.

In einer Pfanne etwas Olivenöl erhitzen und die Speckwürfel darin ausbraten. Dann Zwiebeln, Paprika und Brotwürfel zugeben und bräunen lassen.

Eier und Milch verquirlen, mit Salz und Pfeffer würzen und in die Pfanne geben. Die Tomaten über die Omelettemasse streuen. Mit dem Deckel verschließen und das Omelett stocken lassen, dann auf den Deckel gleiten lassen, gewendet zurück in die Pfanne geben und fertig braten.

Vor dem Servieren noch in der Pfanne in vier Teile teilen und mit den Lardoscheiben belegen. Noch einmal Pfeffer darübermahlen, dann mit den Basilikumblättchen bestreuen und sofort servieren.

Dazu Salat und frisches Ciabatta reichen.

Berg- und Talfahrt – die Landschaften der Toskana

Sanfte Hügel, zypressengesäumte Wege, einsame Gehöfte. Dieses Toskanabild hatten wir schon im ersten Kapitel vor Augen. Es ist das gängige Toskanaklischee, aber die landläufige Vorstellung ist trügerisch. Denn die Toskana ist weit mehr und sehr viel differenzierter, als dieses malerische Bild uns vorzugaukeln versucht.

Es gibt sie, die verträumten Hügelchen, und zwar vornehmlich in der Gegend südöstlich von Siena. Hier liegen die sogenannten »Crete Senesi«, die »Tonerden von Siena«. Ihre Böden bestehen aus Tonmineralien, die durch die Erosion zu niedrigen, abgerundeten Hügeln geformt wurden. An den Südhängen sind sie oft von Furchen durchzogen. Dieses Land ist im Winter rau und bleich, im Frühling erstrahlt es lieblich hellgrün, im Sommer ist es von goldenem Weizen bedeckt und durch die Glut der Sonne ausgedorrt. Im Herbst leuchtet es dann in den verschiedensten Braun- und Ockertönen wie eine surreale Mondlandschaft. Bis auf vereinzelte Zypressen oder Pinien fehlen Bäume oder gar Wälder hier weitestgehend und lassen so Platz für endlos weite Felder, die sich über die welligen Hügel bis zum Horizont ausdehnen wie ein wogendes Meer aus Gräsern.

Das war freilich nicht immer so, früher erstreckten sich dichte Wälder über diese Hügel. Doch schon ab der etruskischen Zeit wurden die Wälder abgeholzt, und im Mittelalter präsentierten sich die Crete als eine bis in den letzten Winkel hinein kultivierte Agrarlandschaft. Hier entstanden die Aufnahmen, die sich uns als »typisch toskanisch« eingeprägt haben. Doch die Crete sind nur ein winzig kleiner Teil der Toskana.

Obwohl die Toskana gar nicht übermäßig groß ist – sie ist nur unwesentlich größer als zum Beispiel Hessen – sind ihre Landschaften von faszinierender Vielfältigkeit. Im Norden liegen die Apuanischen Alpen, ein schroffes Gebirge, das zum nördlichen Teil des Apennins gehört. Die Gipfel ragen fast bis zu 2.000 Meter in die Höhe, was besonders spektakulär wirkt, weil das Meer gleich in der Nähe ist. Die oberste Gesteinsschicht besteht aus stark kalkhaltigen Sedimenten, die sich vor 200 Millionen Jahren ablagerten. Zu dieser Zeit befand sich hier ein tropisches Flachmeer. Dann kam die Kontinentalverschiebung ins Spiel, Eurasische und Afrikanische Platte drücken gegeneinander und türmten dabei gewaltige Berge auf. Ungeheure Kräfte wirkten auf die Gesteinsschichten, extremer Druck und hohe Temperaturen veränderten den Kalkstein und schufen daraus den größten Schatz der Apuanischen Alpen: den strahlend weißen Carraramarmor. Blickt man vom Strand aus auf die Berge, so möchte man meinen, ihre Gipfel seien schneebedeckt.

Als schmaler Streifen erstreckt sich die Küste der Versilia vor den Westhängen der Apuanischen Alpen zwischen Carrara und Viareggio. Der Flachlandgürtel ist oft nicht breiter als vier oder fünf Kilometer, aber dicht besiedelt und bebaut. Hier reihen sich die Badeorte aneinander, denn der breite, feine Sandstrand der Versiliaküste ist schon seit vielen Jahrzehnten ein Magnet für Touristen. Entsprechend voll wird es zur Hauptsaison, wenn der schöne Strand in Parzellen unterteilt ist, die von Strandbädern bewirtschaftet sind. Dann reiht sich hier auf einem Streckenabschnitt von knapp 30 Kilometern Liegestuhl an Liegestuhl.

Zwischen Lucca, Pisa und Florenz zieht sich das breite grüne Tal des Arno-Unterlaufs mit fruchtbaren Feldern und ausgedehnten Baumschulen dahin. Nördlich davon türmen sich die Berge des Apennins zur Garfagnana auf. Diese raue und ursprüngliche Landschaft, überzogen von endlosen Edelkastanien-, Pinien- und Steineichenwäldern, ist so ziemlich das Gegenteil des lieblichen Toskanaklischees. In den einsamen Dörfern scheint die Zeit irgendwann im Mittelalter erstarrt zu sein, auf Wanderungen begegnet man stundenlang, wenn es sein muss auch tagelang, keiner Menschenseele. Entfernung hat hier noch einen Namen, auf den schmalen, kurvenreichen Straßen zeigt jeder einzelne Kilometer, was in ihm steckt.

Wenn der Gebirgszug des Apennins sich nun zunächst weiter in Richtung Osten erstreckt, um sich dann wieder südwärts zu ziehen, umschlingt er das Arnotal in einem weiten Bogen. So schützt er die Ebene vor kaltem Nord- und Ostwind und schafft damit eine liebliche Landschaft, in der ein angenehmes Klima dem Pflanzenwuchs optimale Bedingungen schenkt.

Das merkten auch die Menschen schon früh, deshalb entstand hier Florenz, die Perle der toskanischen Kultur. Endlose Weinberge und Olivenhaine zeichnen ein bezauberndes Landschaftsbild. Hier liegt auch das nördliche Chianti, eine Region, die für ihren Liebreiz, ihren Reichtum und natürlich ihren herausragenden Wein berühmt ist.

Im Osten erstreckt sich das Chianti bis in die Gegend von Arezzo. Dann verändert sich das Landschaftsbild allmählich, es wird geprägt von uralten Wäldern, mittelalterlichen Burgen und Dörfern sowie eigenwilligen Ecken wie den »Balze« im

Valdarno, fantastisch anmutenden, bizarren Lehmformationen. Und obwohl die Region Arezzo einige der bedeutendsten Künstler der Toskana hervorgebracht hat, deren Spuren man selbst in den kleinsten Weilern des Gebiets begegnet, ist sie vom Tourismus vielerorts noch weitgehend unberührt.

Südlich erstreckt sich das Chiantigebiet weiter bis in die Region Siena. Schon die Etrusker haben in dieser Gegend Wein angebaut, es ist eine uralte Kulturlandschaft im Herzen von Italien. Zentral gelegen, umgeben von bedeutenden Städten und durchzogen von wichtigen Reiserouten war es schon immer eine kosmopolitische Region, wohlsituiert, weltoffen und vielseitig. Die Jahrtausende haben ihre Spuren hinterlassen und diese Gegend zu einem der ältesten durch menschliche Zivilisation geformten Landstriche von ganz Europa gemacht.

Ganz anders ist wiederum die Gegend im Westen davon: die Maremma. Bis in die Neuzeit hinein war die Region im Südwesten der Toskana ein unwirtliches Sumpfland, in dem Malaria den Bewohnern zu schaffen machte. Das Interesse an der Region erwies sich als entsprechend gering. Die östlich gelegenen Berge ließen das Regenwasser in die Maremma abfließen, hier sammelte es sich im weitläufigen Flachland und fand nur langsam den Weg bis zum Meer. Sümpfe und flache Binnenseen entstanden auf diese Art, wertloses Schwemmland und endlose Brackwassergebiete. Die Maremma konnte man deshalb nur für die Viehzucht nutzen. Was wiederum zur Folge hatte, dass sich hier eine ganz besondere Hirtentradition entwickelte. Hier gibt es die Maremmano-Pferde, auf deren Rücken Maremma-Cowboys riesige Herden von weißen, langhornigen Maremmana-Rindern treiben, begleitet von ihren großen weißen Maremma-Schäferhunden.

Erst im 18. und 19. Jahrhundert vollendete man die Entwässerungsmaßnahmen. Heute sind weite Teile der Maremma durch Ackerbau, Weinberge und Olivenplantagen genutzt. Es gibt aber auch den »Parco Naturale della Maremma«, ein riesiges Naturschutzgebiet hinter den Küsten der Maremma. Diese Küstenlinie erstreckt sich über beachtliche 130 Kilometer bis hinunter zur mondänen Halbinsel Monte Argentario. Hier gibt es weite Sandstrände, felsige Buchten, vornehme Badeorte und einfache Fischerdörfer. Die Maremma ist der wilde Süden der Toskana.

Die ganze Toskana wird also im Norden und Osten durch hohe Berge begrenzt, im Westen durch das Meer und im Südwesten durch das ehemalige Sumpfland der Maremma. Das erklärt ihre besondere regionale Entwicklung, die durch diese Um- und Abgrenzung zustande kam. Und ihr freundliches Klima wird durch die hohen Gebirgszüge gewährleistet, die sie vor kalten Nord- und Ostwinden abschirmen.

Doch führen ja bekanntlich auch alle Wege nach Rom, zumindest alle Landwege aus dem Norden Europas, mitten durch die Toskana. Deshalb war sie immer am Puls des europäischen Lebens. Sie ist ein altes Land voller Geschichte und voll von Geschichten.

Insalata di fagioli bianchi – Salat aus weißen Bohnen

Zutaten für 4 Personen:

500 g weiße Bohnen aus der Dose
20 Cherrytomaten
1 Zwiebel
3 Knoblauchzehen
1 Bund Basilikum
10 El Olivenöl
1 unbehandelte Zitrone
Salz, Pfeffer

Zubereitung:

Die Bohnen in einem Sieb abspülen und gut abtropfen lassen. Die Zwiebel schälen und würfeln, die Knoblauchzehen schälen und fein hacken. Die Tomaten waschen und vierteln. Basilikumblättchen abzupfen, waschen und grob hacken. Die Zitrone waschen und die Hälfte der Schale mit der Küchenreibe fein abraspeln (dabei nur den gelben Anteil verwenden, da das Weiße bitter schmeckt), danach den Saft auspressen.

Olivenöl und Zitronensaft mischen, salzen, pfeffern und die Zitronenschale unterrühren. Nun mit allen Zutaten zusammen in eine Schüssel geben und gut vermischen. 1 Stunde lang im Kühlschrank durchziehen lassen, vor dem Servieren noch einmal gut umrühren.

Mit Ciabattabrot servieren. Der Salat eignet sich auch gut als Beilage zu einem Steak.

Schatzkammer der Medici – die Uffizien

Geradezu überwältigend ist die Fülle der Meisterwerke, die im bedeutendsten Kunstmuseum der Toskana versammelt sind, den Uffizien von Florenz. Und die Anmut der Malerei ist oft so hinreißend, dass selbst diejenigen begeistert sind, die das Museum nur notgedrungen aufsuchen, beispielsweise auf einer Klassenfahrt. Mehr als 1.000 Gemälde werden in den 45 Sälen der Uffizien gezeigt, daneben noch zahllose Skulpturen, Gobelins, historische Karten und vieles mehr.

Die Uffizien sind nicht nur berühmt, sie sind auch eines der ältesten Museen der Welt. Die Bezeichnung »uffici« (»Büros«) geht auf die ursprüngliche Bestimmung des Gebäudes zurück. Denn Mitte des 16. Jahrhunderts beschloss Cosimo I. de' Medici, ein Bauwerk zu errichten, in dem alle wichtigen Ämter des Großherzogtums Toskana vereint sein sollten. Man beauftragte Giorgio Vasari, einen berühmten Maler und Kunsthistoriker. Es mussten ein paar alte Stadthäuser abgerissen werden, um das enorme Projekt beginnen zu können, andere hingegen wurden kurzerhand in den Neubau integriert.

Weil das flache Gebälk der repräsentativen Erdgeschossloggia nicht auf Dauer der gewaltigen Last des darüberliegenden Komplexes standhalten würde, erhielt es eine Verstärkung durch nicht sichtbare Bögen. Aus statischen Gründen verwendete Vasari einen Zement, den er mit Ketten und Zugankern durchsetze. Die Uffizien bestehen aus einer machtvollen Fassade, hinter der sich ungleiche, zum Teil ältere und verschachtelte Bauteile verbergen. Drei Fassaden bilden einen langgestreckten Platz, der wie ein Innenhof wirkt. Vasari verbaute dazu »pietra serena«, ein bläulich-graues Gestein, das in der Renaissance eigentlich nur für Innenräume und Höfe verwendet wurde. Obwohl wenig wetterbeständig, ist das Gestein im Außenbereich der Uffizien dank des weit ausladenden Kranzgesimses ausnehmend gut erhalten. An der Schmalseite schließt ein Portikus, der im unteren Teil an einen Triumphbogen erinnert, die Piazza nach hinten ab und öffnet sie gleichzeitig zum Fluss Arno hin. Von der Loggia im Parterre aus ist leicht ersichtlich, dass das gesamte Szenarium der Uffizien ganz auf Michelangelos David und die Herkules-und-Cacus-Skulptur auf der Piazza della Signoria ausgerichtet ist.

Nach Bauende im Jahre 1565 ergänzte der Architekt den Komplex noch um den fast 1.000 Meter langen Vasarikorridor, der den Palazzo Vecchio und die Uffizien über den Ponte Vecchio hinweg mit dem Palazzo Pitti am gegenüberliegenden Arnoufer verbindet. Im Palazzo Pitti wohnten die vornehmen Mitglieder der Medici-Familie, der Korridor ermöglichte es ihnen nun, nicht nur trockenen Fußes, sondern vor allem unbehelligt vom gemeinen Volk den Regierungspalast und die Büros im Stadtzentrum aufzusuchen.

Der Nachfolger Cosimos, Francesco I., galt als passionierter Anhänger der Künste, und so beschloss er, den Laubengang im Obergeschoss der Uffizien zum Lager für seine Sammlung von Gemälden, Skulpturen, Waffen und wissenschaftlichen Geräten umzufunktionieren. Mit dem erforderlichen Umbau wurde Bernado Buontalenti beauftragt. Dieser entwarf die »Tribuna«, einen der ersten Museumsräume seit der Antike. Im Westtrakt entstandenen Werkstätten für Gold-

und Silberschmiede, Kosmografen, Musiker und Sänger. In der Alchimistenwerkstatt »Fonderia« wurden Parfüms kreiert, außerdem allerhand Gifte und Gegengifte zusammengebraut. Selbst Gärtner fanden Arbeit in den Uffizien, denn für sie wurde oben auf der Loggia dei Lanzi an der Piazza della Signoria eigens ein Dachgarten mit einem Gewächshaus eingerichtet.

In den darauffolgenden Jahren wuchs die kostbare Kunstsammlung beständig an, denn aufgrund ihrer innovativen Eisenbauweise, die große Fenster und damit lichtdurchflutete Innenräume gestattete, erwiesen sich die Uffizien als optimale Ausstellungsfläche für die Kunstsammlungen der Familie Medici. Deren Mitgliedern dienten die Uffizien als Hallen, in denen sie zwischen ihren Schätzen lustwandelten. Sie herrschten drei Jahrhunderte lang über Florenz, eine Zeit, die sie nutzten, um ihrer Sammelleidenschaft zu frönen. Geschenke aus diplomatischen Beziehungen, kostbare Mitgiften und Erbschaften vervollständigten das beeindruckende Archiv. Später, nachdem die Dynastie der Medici ihr Ende gefunden hatte, vermachte die letzte Erbin all die Schätze den Bürgern von Florenz und somit der gesamten Öffentlichkeit.

Heute drängen sich die Besucher vor den vielen Stücken des Museums, das den Zeitraum vom 13. bis zum 18. Jahrhundert überspannt und sogar bis zum 20. Jahrhundert reicht, wenn man die neueren Gemälde im Vasarikorridor hinzuzählt. Dessen Besuch ist allerdings nur nach Voranmeldung möglich. Mit zahlreichen Meisterwerken ist die Florentiner Malerei vertreten, ebenso findet man aber auch die Schulen von Siena, Venedig, Parma und Mantua sowie Werke deutscher, flämischer und spanischer Künstler. Francesco I. ließ in der Tribuna unter anderem Werke von Raffael aufhängen, das berühmteste ist die »Maria mit dem Stieglitz«. Als einer der bedeutendsten Sammler gilt Kardinal Leopoldo de' Medici, der im 17. Jahrhundert den Grundstock zur graphischen Sammlung legte und dem ein großer Teil der venezianischen Gemälde zu verdanken ist. Durch die Auflösung von Klöstern gelangten zudem noch bedeutende Altarbilder des 15. Jahrhunderts in die Uffizien.

Im 19. Jahrhundert erwachte auch endlich wieder das Interesse an der lange vergessenen Kunst früher Renaissance-Künstler wie Sandro Botticelli, Filippo Lippi und anderen Malern aus der Zeit vor Raffael. Und eines der berühmtesten Gemälde Sandro Botticellis, die »Geburt der Venus«, entstanden um 1485, befindet sich in den Räumen der Uffizien. Dieses Gemälde hängt im großen Saal und zeigt die Ankunft der schaumgeborenen Liebesgöttin an den zypriotischen Gestaden. Soeben ist ihre Muschel an die Küste getrieben, und eine der schutzgewährenden Horen, im blumenbestickten Gewand als Genius des Frühlings dargestellt, reicht Venus einen Mantel, mit dem sie ihre Blöße bedecken soll.

»La Primavera« – »der Frühling« – ist das zweite der mythologischen Meisterwerke Botticellis und gehörte einst zusammen mit der »Geburt der Venus« und »Pallas und der Zentaur« als Hochzeitsbild zur Ausstattung einer Medici-Villa. Venus, über der ihr Sohn Amor seine Pfeile verschießt, wandelt im Garten des ewigen Frühlings. Rechts im Bild verfolgt Zephir eine Nymphe, die Schutz bei Flora, der Göttin der Blumen, sucht. Links tanzen die drei Grazien einen Reigen, angeführt von Merkur, dem Beschützer des Gartens.

Ein anderes Meisterwerk der Uffizien, Tizians berühmte »Venus von Urbino«, ist eine der bekanntesten Aktdarstellungen der abendländischen Kunst. Das Bild verärgerte Mark Twain bei einem Besuch des Museums allerdings sehr, wutentbrannt notierte er: »Ein Bild ohne jeden verhüllenden Fetzen oder ein Feigenblatt, der anrüchigste, gemeinste, obszönste Gemäldebesitz, an dem sich die Menschheit sattsehen kann.« Hätte er sich mit dem Hintergrund des Werkes beschäftigt, so hätte er vielleicht verstehen können, dass die verführerische Schönheit in Wirklichkeit eine Schutzpatronin der Ehe darstellen soll. Der Myrtenbaum im Fenster und das Hündchen auf ihrem Boudoir stehen nämlich für ewige Blüte und eheliche Treue.

Caravaggios Medusenhaupt von 1596, gemalt auf einem Rundschild aus Pappelholz, war als Zierde für eine Waffenkammer gedacht. Es ist ein weiteres der weltberühmten Werke, mit denen die Uffizien sich schmücken. Keiner der großen Namen der Epoche fehlt. Dazu kommen noch römische und hellenistische Statuen aus den Sammlungen der Medici. Und nicht zu vergessen die thematisch geordneten Kollektionen von Gobelinteppichen aus dem 16. und dem 17. Jahrhundert, von antiken Marmorgegenständen sowie Miniaturen.

Die Schlangen an den Kassen sind meist extrem lang, da in die Uffizien immer nur eine begrenzte Zahl von Besuchern eingelassen wird. Um die erheblichen Wartezeiten zu vermeiden, sollte man Karten für einen festen Einlasstermin im Internet vorbestellen. Doch trotz der Zutrittsbeschränkung ist das Gedränge vor den berühmtesten Werken oft qualvoll. Wer die Uffizien in Ruhe besuchen und auch die anderen Schätze von Florenz genießen möchte, ohne zwischen Besuchermassen aufgerieben zu werden, der kommt am besten im Winter. In den Monaten von November bis März gehört Florenz fast noch den Florentinern, die Atmosphäre ist jetzt viel entspannter. Und unvergleichlich romantisch bieten sich die winkeligen Gassen der Altstadt an einem Wintermorgen oder -abend dar, verlassen von den Gruppen hektisch hindurcheilender Touristen.

Crespelle alla Fiorentina – gefüllte Pfannkuchen nach Florentiner Art

Zutaten für 4 Personen:

200 g frischer Blattspinat
250 g Ricotta
150 g geriebener Parmesan
4 Eier
100 g Butter
140 g Mehl
450 ml Milch
250 ml Gemüsebrühe
Salz, Pfeffer
geriebene Muskatnuss
Butter zum Braten und Einfetten

Zubereitung:

Den Spinat waschen, putzen, grob hacken und 5 Minuten in 3 El siedendem Salzwasser kochen. Abgießen und mit dem Ricotta, der Hälfte des Parmesans und 2 Eiern gründlich vermischen, mit Salz, Pfeffer und Muskatnuss würzen.

40g Butter zerlassen, in eine Schüssel geben und mit den übrigen Eiern, 200 ml Milch, 100 g Mehl und einer Prise Salz mit dem Schneebesen verquirlen. Danach den Teig 10 Minuten quellen lassen.

30 g Butter in einer kleinen Pfanne zerlassen und nacheinander aus dem Teig 6–8 dünne Pfannkuchen backen. Auf jeden der Pfannkuchen ein wenig von der Spinatmasse geben, die Pfannkuchen aufrollen und nebeneinander in eine mit Butter eingefettete ofenfeste Form legen.

30 g Butter in einem Topf zerlassen, das restliche Mehl dazugeben und kurz anschwitzen. Die Brühe und die restliche Milch unter Rühren mit dem Schneebesen dazugießen. Einige Minuten köcheln und eindicken lassen, dabei immer weiterrühren. Mit Salz, Pfeffer und Muskat abschmecken, über die Pfannkuchen gießen und mit dem restlichen Parmesan bestreuen. Die Crespelle im vorgeheizten Backofen bei 175° etwa 25 Minuten backen.

Auf der Pirsch – Jagdsaison in Forte dei Marmi

Ganz ehrlich? Ich habe noch nie verstanden, was die Leute an Forte dei Marmi so reizvoll finden. Aber meine Freundin Francesca wohnt dort, was soll ich machen? Deshalb bin ich trotz meiner Vorbehalte nach Forte dei Marmi gereist. Der Badeort an der Versiliaküste erscheint mir ziemlich gesichtslos, endlos ziehen sich Straßen unter hohen Pinien dahin, an denen Strandhäuser verborgen hinter Mauern und Hecken liegen. Von der Uferpromenade aus kann man das Meer nicht sehen, denn es liegt versteckt hinter zahllosen Strandbädern. Da muss man erst einmal Eintritt bezahlen, um ans Wasser zu kommen. Ab und zu gibt es auch kleine öffentliche Parzellen, hier drängen sich alle, die nicht dazu bereit sind, mehrere Scheine für die Tagesmiete eines Sonnenschirms mit zwei Liegen hinzublättern. Zumal man den Bädern von außen gar nicht ansieht, was sie zu bieten haben und was sie dafür verlangen.

Francesca sieht das alles ganz anders. Ihr gefällt das mondäne Ambiente von Forte dei Marmi. Sie seufzt hingebungsvoll, wenn mal wieder ein superteurer Sportwagen vorbeifährt, der vermutlich einem der zahlreichen betuchten Russen gehört, die so gerne den Sommer in Forte dei Marmi verbringen. Francesca betreut Ferienhäuser für eine ortsansässige Agentur. Die Häuser, die an Araber und schwerreiche Russen vermietet werden, kann man aber nicht ernsthaft als »Häuser«

bezeichnen. Es sind Villen in bester Lage nahe am Meer, hinter hohen Zäunen und Zypressenhecken versteckt, und für einen dreimonatigen Aufenthalt werden locker mal so eben 180.000 Euro und mehr bezahlt. Aus der Portokasse vermutlich. Für den reservierten Platz im feinen Strandbad wird dann noch einmal ein Betrag im hohen fünfstelligen Bereich fällig.

Francesca gefallen auch die schicken Boutiquen der Edeldesigner, die allesamt in Forte dei Marmi vertreten sind. Die elitären Sommerfrischler brauchen ja standesgemäße Einkaufsmöglichkeiten. Für Francesca bleibt es freilich beim Schaufensterbummel. Ihr schmales Gehalt lässt für solche Extravaganzen keinen Raum. Das ist aber nicht weiter schlimm, denn Francesca weiß, wie sie trotzdem an Nobelklamotten kommen kann. Man braucht nur etwas Jagdgespür, muss früh aufstehen und schnell genug sein.

Jeden Mittwoch und im Sommer auch sonntags findet in Forte dei Marmi der große Mercato statt, der Markt. Da gibt es ein paar Blumen und Kräuter, in erster Linie aber Kleidung, Schuhe und Taschen, Hüte, Tischdecken, Handtücher, Bettwäsche, Gürtel, Haushaltswaren und sonstigen Krimskrams.

Ich reagierte nicht unbedingt begeistert, als Francesca mich an einem Mittwochmorgen im Juli bereits in aller Frühe aus dem Bett scheuchte. Schließlich hatte ich ja Urlaub! Aber nein, sagte sie, »chi dorme non piglia pesci«, was so viel heißt wie: »Der frühe Vogel fängt den Wurm«. Nur wer unter den Ersten ist, dem winken die besten Schnäppchen.

Also schwangen wir uns aufs Fahrrad und fuhren ins Zentrum von Forte. Das Fahrrad ist hier das Fortbewegungsmittel der Wahl – es sei denn, man hat einen Ferrari, versteht sich.

Tatsächlich fanden wir die Stände morgens um kurz vor acht schon komplett aufgebaut vor und die ersten Schnäppchenjäger gingen bereits auf die Pirsch. Der Markt von Forte dei Marmi ist nämlich im weiten Umkreis dafür bekannt, dass hier edelste Designerklamotten für kleines bis kleinstes Geld verscherbelt werden. Und zwar nur echte Ware, nicht die billigen Imitate, die von den an allen Ecken lauernden Schwarzhändlern feilgeboten werden.

Es sind meist Modelle aus der letzten Saison, die keinen Käufer gefunden haben und in den edlen Boutiquen Platz für den Dernier Cri machen müssen. Mir persönlich ist das ziemlich egal, wenn es heißt, dass ich für ein Jackett von Dolce & Gabbana nur läppische 30 Euro hinlegen muss. Begeistert halte ich das prächtige Stück in die Höhe, um es Francesca zu zeigen. Sie nickt anerkennend, tadelt mich aber, als sie hört, was ich bezahlt habe. Ich hätte handeln müssen! Dann hätte ich das Ding auch für 20 Euro bekommen, sie kennt sich da aus. Mehr hat sie für die raffinierten Schuhe von Tod's, die sie gerade gekauft hat, auch nicht bezahlt.

Ich erwische noch ein T-Shirt von Gucci (fünf Euro), einen Gürtel von Fiorucci (zehn Euro) und ein Sommerkleid von Ralph Lauren (15 Euro). Für meine Freundin in Deutschland habe ich ein herrliches Nichts von einem Cocktailkleid entdeckt, Dolce & Gabbana, zwölf Euro. Mir ist es leider zu klein. Viele Sachen sind für zierliche Italienerinnen geschneidert.

Wobei ich letztere gar nicht entdecke, wenn ich mich so unter dem an den Wühltischen herumwuselnden Publikum umsehe. Es sind fast ausschließlich Frauen, meist schon mindestens im mittleren Alter, es sind viele, und es werden jetzt mit jeder Minute mehr. Francesca hatte recht. Man muss früh sein. Und es ist gut, wenn man weiß, wo die besten Stände zu finden sind. Denn nicht jeder bietet die begehrten Designerwaren an.

Ich habe noch ein hübsches Tuch von Prada gekauft (zehn Euro), dann entdecke ich einen Stand, an dem für kleines Geld wunderschöne Kaschmirpullover verkauft werden. Da kann der nächste Winter kommen! An einem anderen Stand gibt es sensationell günstige Tischdecken, aber die brauche ich eigentlich nicht. Die Versuchung ist groß, einfach zuzuschlagen, weil es so billig ist. Aber ich reiße mich zusammen.

Da kommt Francesca strahlend auf mich zu, den ganzen Arm voller schneeweißem Leinen. Es sind Nachthemden, die sie für nur fünf Euro pro Stück ergattert hat, gleich sechs davon hat sie gekauft. Es sind historische Stücke, etwa 100 Jahre alt, ungetragen, naturreines Leinen, Francesca ist begeistert. Ich betaste die Nachthemden kritisch. Sie sind bretthart. Wer braucht denn so etwas? Soviel zum Thema Kaufrausch.

Die Armani-Kinderjacke, die ich für meinen Jüngsten erwischt habe, ist wirklich bezaubernd. Normalerweise würde ich niemals Designerklamotten für Kinder kaufen, die doch spätestens nach einem Jahr nicht mehr hineinpassen. Aber bei der Jacke für zehn Euro kann man nichts falsch machen. Tatsächlich steht sie ihm ganz ausgezeichnet, er sieht richtig cool darin aus. Und es sollte sich als ein echter Glücksgriff erweisen, denn die Jacke hat sage und schreibe drei Jahre lang gepasst! Der Kauf eines zauberhaften geblümten Sommerkleids von John Galliano für meine kleine Tochter erwies sich als weniger erfolgreich. Sie sah so süß darin aus, aber sie wollte es partout nicht anziehen. So ein Dickkopf!

Beladen mit Tüten und selig erschöpft kehren wir am späteren Vormittag in Francescas Haus zurück. Nun werden wir erst einmal in aller Ruhe unsere Beutestücke sichten, draußen auf der Terrasse im angenehmen Schatten der hohen Pinien, die auch in Francescas Garten wachsen. Ich bin wirklich begeistert. Und auf einmal finde ich Forte dei Marmi auch gar nicht mehr so schlecht…

Triglia con pinoli – Meerbarbe mit Pinienkernen

Zutaten für 4 Personen:

4 filetierte rote Meerbarben (à ca. 120 g)
50 g Pinienkerne
50 g geriebener Parmesan
30 g Paniermehl
1 unbehandelte Zitrone
2 Zweige Rosmarin
Pfeffer, Salz
Olivenöl

Zubereitung:

Die Pinienkerne in einer beschichteten Pfanne ohne Fett goldbraun rösten und anschließend im Mörser fein zermahlen. Die Zitrone waschen und die äußere gelbe Schale mit der Küchenreibe abreiben. Die Rosmarinnadeln abstreifen und klein hacken.

Nun die gemahlenen Pinienkerne mit der Zitronenschale, dem Rosmarin, dem Parmesan, dem Paniermehl und 100 ml Olivenöl vermischen, salzen und pfeffern. Die Fischfilets mit dieser Masse rundum bestreichen, dabei einen kleinen Teil der Masse übriglassen. Die Fischfilets 1 Stunde lang im Kühlschrank marinieren lassen.

Eine Auflaufform mit Olivenöl einfetten. Den Backofen auf 180°C erhitzen und die Auflaufform darin 5 Minuten lang vorheizen. Anschließend die Fischfilets in die heiße Auflaufform legen, mit der restlichen Pinienkernmasse bedecken und 15 Minuten lang im Ofen backen.

Die Zitrone auspressen und den fertigen Fisch mit dem Saft beträufeln. Mit Salat und knusprigem Weißbrot servieren.

Die chinesische Prinzessin und der Tod – Puccini am Lago di Massaciuccoli

Anlässlich des Besuchs in Forte dei Marmi haben wir auch das Puccini-Festival am Lago di Massaciuccoli besucht. Damit habe ich mir einen lange gehegten Wunsch erfüllt. Denn viele Jahre zuvor landete ich einmal bei einer Rundreise durch Norditalien zufällig auf dem Campingplatz am Ufer dieses Sees und bemerkte die große Bühne an seinem Ufer. Auf Nachfrage erfuhr ich, dass hier alljährlich im Juli und August ein bedeutendes Festival stattfindet, das dem Opernkomponisten Giacomo Puccini gewidmet ist. Doch leider fand ausgerechnet an den drei Tagen, die ich dort verbrachte, keine Aufführung statt, und alle Hoffnungen, von meinem Zeltplatz aus den Klängen lauschen zu können, wurden zu Schall und Rauch.

Aber nicht so in jenem Jahr. Wir kamen in den Genuss einer Aufführung der Turandot in dem großen Freilufttheater, das 3.400 Zuschauern Platz bietet. Es ist ein romantisches Ambiente, das Seeufer, das in der abendlichen Dämmerung versinkt, die glitzernden Lichter, das elegante Publikum hier in Torre del Lago, nur vier Kilometer vom Strand der Versiliaküste entfernt. 40.000 Besucher werden jedes Jahr von den hochkarätigen Aufführungen angezogen, bei denen die vier bis fünf verschiedenen Operninszenierungen der jeweiligen Saison gezeigt werden. Und das schon seit 1930.

Der große Komponist, dessen Eltern aus einem Dorf in den Bergen der Garfagnana bei Pescaglia stammten, wurde in Lucca geboren. Irgendwann, er war schon ein recht erfolgreicher Musiker, entdeckte er den damals noch ziemlich verschlafenen Lago di Massaciuccoli und verliebte sich in das Gewässer. Er lebte seit 1891 in der Ortschaft Torre del Lago, die zwischen See und Meeresküste liegt. Im Jahr 1900, inzwischen gefeierter Star der Opernszene, kaufte er eine Villa direkt am Seeufer, wo er fortan mit seiner Familie lebte. Er schuf dort seine musikalischen Werke und entspannte zwischendurch im Ruderboot auf dem See. Kurz vor seinem Tod im November 1924 soll er den Wunsch geäußert haben, einmal eine seiner Opern am Ufer des Lago di Massaciuccoli erklingen zu hören.

Er selbst durfte die Erfüllung dieses Wunsches nicht mehr miterleben. Als echter Lebemann war Puccini süchtig nach Frauen, nach starken Motoren und nach Zigaretten. Letztere wurden ihm zum Verhängnis, er erkrankte schließlich an Kehlkopfkrebs.

Seine Symptome nahm er zunächst gar nicht ernst. Schließlich war er als Kettenraucher an chronische Bronchitis und ständige Heiserkeit gewöhnt. Erst als seine tiefe Bassstimme immer öfter in Tenorlage fiel, suchte er seinen Hausarzt in Viareggio auf. Der vermutete eine rheumatische Erkrankung und schickte den Meister zu einem Facharzt nach Mailand, der die Fehldiagnose bestätigte. Als sich Puccinis Zustand in den folgenden Wochen dramatisch verschlechterte, besuchte er schließlich einen Spezialisten in Florenz. Der entdeckte ein Krebsgeschwür im fortgeschrittenen Stadium, weihte aber nur Puccinis Sohn in die Diagnose ein. Dem Komponisten selbst verschwiegen beide das Ausmaß seiner Erkrankung.

Damals experimentierte man gerade mit Krebsbehandlungen durch Radium, dazu musste sich Puccini in eine Brüsseler

Spezialklinik begeben. Während der Bahnfahrt dorthin arbeitete er wie besessen an der Partitur der Turandot, seiner letzten Komposition. Er trug sich mit der Absicht, diese Oper zur Krone seiner Schöpfung zu machen. Und er ahnte durchaus die Bedrohlichkeit seines Zustandes. »Diese Oper vollende ich nicht«, befürchtete er.

Unter der Behandlung mit Radium verbesserte sich Puccinis Zustand zunächst. Die Ärzte gestatten ihm sogar, wieder zu rauchen. Für den 24. November stand die operative Behandlung des Karzinoms auf dem Plan. Der Eingriff dauerte vier Stunden. Man spickte Puccinis Hals mit radiumhaltigen Hohlnadeln, die acht Tage lang dort steckenbleiben sollten und von einer Halskrause in ihrer Position gehalten wurden. Seinen üblen postoperativen Zustand linderte Puccini mithilfe eisgekühlten Champagners. Doch das Leben schien für ihn ohnehin nur noch sekundäre Bedeutung zu haben. Wichtiger war ihm die Fertigstellung seiner Oper. »Ich brauche noch zwölf Tage«, teilte er den Ärzten bei der Visite mit. Aber auch die Erfüllung dieses Wunsches blieb ihm nicht vergönnt. Schon vier Tage später brach er ohnmächtig zusammen, am 29. November starb der Meister.

Man brachte seinen Leichnam zurück an den Lago di Massaciuccoli und bestattete ihn in einer Wand seiner geliebten Villa. Die Gedenkrede im Mailänder Dom hielt der »Duce« Benito Mussolini persönlich. Die Opernwelt zeigte sich zutiefst erschüttert. Stellte doch Puccini einen ihrer allergrößten Stars dar, ein rauschender Erfolg, der bis zum heutigen Tag anhalten sollte. Puccinis Opern gehören nach wie vor zu den weltweit meistgespielten und meistgeliebten Werken des Genres. Der Dirigent Arturo Toscanini nahm sich der Turandot an und brachte sie anderthalb Jahre nach Puccinis Tod am 25. April 1926 in Mailand zur Uraufführung. Die letzte Szene hatte er durch den Komponisten Franco Alfano vollenden lassen.

Dennoch brach Toscanini die Uraufführung nach dem Tod der Liù im ersten Bild des dritten Aktes ab, legte den Taktstock nieder, wandte sich dem Publikum zu und sagte nur leise: »Hier endet das Werk, danach starb der Maestro.« Ergriffenes Schweigen erfüllte nach diesen Worten die Mailänder Skala, bis irgendjemand rief: »Viva Puccini!« Da brach ein tosender Jubel aus.

Den Opernfreunden bleibt das einzigartige Gesamtwerk des Meisters mit Opernhits wie La Bohème, Madama Butterfly, Manon Lescaut oder Tosca. Seine Villa am Ufer des Lago di Massaciuccoli ist heute ein Museum und kann besichtigt werden. Sein Lieblingscafé, das »di Simo« in seiner Heimatstadt Lucca, ist fast ganz genauso erhalten geblieben, wie es zu Puccinis Zeit gewesen ist, allerdings seit einigen Jahren geschlossen. Aber auch Lucca würdigt seinen großen Sohn mit regelmäßigen Festivals.

An jenem Abend auf der Freilichtbühne am Lago di Massaciuccoli ging es nach dem Tod der Liù aber weiter mit Turandot. Die Oper schloss mit dem für das Genre seltenen Happy End, bei dem sich die grausame Turandot endlich zur sanftmütigen Liebenden wandelt und ihrem Kalaf in die Arme sinkt. Seit 2002 gibt es noch ein zweites Ende der Turandot, das Luciano Berio komponiert hat. Denn Puristen war das von Alfano verfasste Ende zu pompös und schien ihnen nicht im Sinne Puccinis gehalten, der ein bombastisches Opernfinale ausdrücklich hatte vermeiden wollen.

Welches Ende dem Meister besser gefallen hätte, weiß ich nicht. Aber mit Sicherheit wäre er begeistert vom alljährlichen Festival am Lago di Massaciuccoli gewesen.

Buccellato di Lucca – ein süßes Brot aus Lucca

Zutaten:

500 g Mehl
100 g Zucker
2 Eier
20 g Hefe
ca. 200 ml Milch

50 g Sultaninen
50 g Butter, 2 Tl Anissamen, Salz, Mehl für die Arbeitsplatte, Zucker zum Bestreuen

Zubereitung:

Die Hefe mit etwas Zucker mit einer Gabel verkneten, bis sie flüssig ist. Den restlichen Zucker, Mehl, Milch, Hefe, 1 Prise Salz und 1 Ei in einer Schüssel zu einem festen Teig verkneten. Kräftig kneten, danach mit einem Küchentuch abgedeckt 1 Stunde an einem warmen Ort gehen lassen. Die Sultaninen in Wasser einweichen, gut ausdrücken. Den Teig nach Ende der Gehzeit kneten, Sultaninen und Anissamen dabei einarbeiten. Die Arbeitsplatte einmehlen und den Teig darauf zu einer Wurst rollen. In der Mitte falten und die beiden Wurststränge zu einem Hefezopf verflechten. Man kann auch einen Kranz aus der Teigrolle formen. An der Oberseite mehrfach mit einem Messer einritzen, abdecken und erneut 1 Stunde gehen lassen. Den Backofen auf 180°C vorheizen. Das zweite Ei verquirlen und den Hefezopf damit bestreichen, großzügig mit Zucker bestreuen. Auf ein mit Backpapier ausgelegtes Backblech legen und ca. 1 Stunde im Backofen ausbacken, bis das Brot ein dunkles Goldbraun angenommen hat.

Es gibt ein Sprichwort in Lucca: »Chi viene a Lucca e non mangia il buccellato, è come se non ci fosse mai stato!« – »Wer nach Lucca kommt und kein Buccellato isst, der ist nie in Lucca gewesen!«

Die eingemauerte Vergangenheit – Lucca

Nun sind wir also auf den Spuren Giacomo Puccinis in Lucca angekommen. In der Tat begegnet einem der große Sohn der Stadt hier immer wieder, sei es als Bronzestatue, sei es auf Plakaten, die für Konzertveranstaltungen werben, sei es auf der Reproduktion einer alten Fotografie an der Wand eines kleinen Restaurants, von der aus er mit ernstem Blick auf die Gäste hinunterblickt.

Irgendwann in meiner Kindheit bin ich zum ersten Mal nach Lucca gekommen. Mein Vater, stets sehr italienaffin, unternahm mit meiner Mutter und mir eine Entdeckungsreise durch die Toskana, stets unter der bildungsbeflissenen Leitung durch einen klassischen Baedeker-Reiseführer. Ich kann mich nicht mehr wirklich daran erinnern, wie ich Lucca damals wahrnahm.

Aber ich erinnere mich sehr gut daran, wie beeindruckt sich mein Vater von Lucca zeigte. Lucca, so stellte er fest, sei ja viel schöner als all die anderen toskanischen Städte, die wir auf unserer Rundreise besucht hatten. Schöner als Siena, schöner als Volterra, schöner als San Gimignano, ja, schöner sogar als Florenz!

Nun ja. Die Wertung möchte ich Ihnen selbst überlassen. Unbestreitbar ist Lucca mit seinem ausgedehnten historischen Ortskern eine beeindruckende alte Stadt. Das Herz von Lucca ist die Piazza San Michele vor der gleichnamigen romanischen Kirche, gerahmt von hübsch restaurierten mittelalterlichen Kaufmannshäusern.

Neben den insgesamt 99 Kirchen und Kapellen der Stadt ragt außerdem die Piazza dell'Anfiteatro architektonisch heraus, ein markanter Platz, der auf den Grundmauern eines römischen Amphitheaters entstand. Das lässt sich dank der ovalen Form des Platzes noch sehr gut nachvollziehen. Hier gibt es kleine Läden, manche davon verkaufen nach uralter Tradition hergestellte Stoffe, und außerdem Bars und Ristorantes, auf deren Außenflächen man sitzen und dem Treiben auf der Piazza zuschauen kann. Die mittelalterlichen Gebäude, die die ellipsenförmige Piazza rahmen, sind allesamt in Gelbtönen gestrichen und glotzen mit ihren Fenstern und bogenförmigen Toren fast ein bisschen borniert auf die Platzmitte hinaus. So als würden sie sich darüber wundern, dass hier nach all den vielen Jahren noch immer das Leben pulsiert. Doch sie können gucken, so viel sie wollen, denn das markanteste Bauwerk von Lucca ist ein anderes. Es ist der sagenhafte Stadtwall, der den gesamten historischen Ortskern umgibt.

Es geschah im 15. Jahrhundert, dass sich die Herren des seinerzeit mächtigen Lucca Gedanken drüber machten, wie sie sich in Zukunft gegen die aggressiven Expansionsversuche der konkurrierenden Stadt Florenz besser schützen könnten. So kamen sie auf die Idee, die ganze Stadt mit einem mächtigen Wall zu umgeben. Nein, nicht etwa mit einer traditionellen Stadtmauer. Es sollte eine massive Festungsanlage sein, mit integrierten Wehrgängen, Kasernen, Zitadellen und Bastionen sowie nur wenigen, gut zu verteidigenden Toren, die Einlass in die Stadt boten.

100 Jahre Bauzeit waren hierfür erforderlich. Das Ergebnis ist ein in den Fundamenten etwa 30 Meter breiter, von

Mauern befestigter Erdwall, der sich nach oben hin verjüngt, aber auch dort niemals schmaler als zehn Meter ist. Er ist zwölf Meter hoch und führt mit einer Länge von 4,2 Kilometern einmal rings um den Ortskern von Lucca herum. Man kann ihn begehen, und das ist ein ganz besonderer Spaziergang. Denn um den Wall zu befestigen, wurden einst Bäume darauf gepflanzt. Anfang des 19. Jahrhunderts merkte man dann, dass diese Bäume neben dem praktischen Nutzen auch der Zierde dienten, und so schmückt die Oberseite des Walls heute ein prächtiger Park mit würdevollen alten Platanen, Ulmen und Pappeln, aber auch exotischen Paulownien oder Tulpenbäumen. Dazwischen verläuft eine herrliche Promenade mit Gartenbänken, es gibt sogar ein kleines Café. Im Schatten der mächtigen Bäume wandert man ganz bequem um die Stadt herum und schaut dabei auf die Dächer der alten Häuser, Kirchen und Palazzi hinab, während sich im Hintergrund die Berge der Garfagnana erheben. Hier bummeln Spaziergänger und trainieren Jogger, hier werden die Hunde von Lucca Gassi geführt, hier treffen sich die Liebespaare. Der Wallweg eignet sich übrigens auch für eine sehr reizvolle Fahrradrundfahrt.

Während vor dem Wall das moderne Lucca mit lebhaftem Autoverkehr pulsiert, scheint dahinter eine Welt aus anderer Zeit zu liegen. Er umschließt ein vollständig erhaltenes Kleinod der Vergangenheit. Lucca ist eine etruskische Gründung, in der Sprache der Etrusker bedeutete »Luk« nichts anderes als Sumpf. Später kamen die Römer und bauten Lucca zu einem mächtigen regionalen Zentrum aus. Das hatte Auswirkungen, denn bis weit ins Mittelalter hinein blieb Lucca die wichtigste Stadt der Toskana, noch vor Pisa und Florenz. Der städtische Reichtum prosperierte, denn in Lucca wurden kostbare Brokat- und Seidenstoffe hergestellt, außerdem genossen hiesige Blattgoldschläger großen Ruhm. Der Wohlstand jener

Zeit spiegelt sich noch heute in prächtigen Gebäuden und reich verzierten Fassaden.

Doch die schließlich erfolgte Trockenlegung der Sümpfe im Tal des Flusses Serchio zog unerwartete Probleme nach sich. Mit einem Mal konnten die Verkehrswege nach Florenz, das viel weiter im Landesinneren liegt, deutlich leichter befahren werden. Lucca verlor die Vorteile, die es durch seine Meernähe gegenüber der mächtigen Konkurrenzstadt stets genossen hatte. Florenz blühte auf, Lucca hingegen zog sich hinter seinen Stadtwall zurück. Vermutlich konnte es sich aber genau deshalb seinen historischen Charme so gut bewahren.

Große Teile der Altstadt sind für den Autoverkehr gesperrt, hier ist – neben den Füßen – das Fahrrad bevorzugtes Fortbewegungsmittel. An der Via Fillungo, Luccas Flaniermeile, reihen sich moderne Boutiquen an alteingesessene Confiserien, Hightech-Läden an Antiquitätengeschäfte, Spezialitätenhändler an kleine Manufakturen. In kaum einer anderen toskanischen Stadt gibt es so viele traditionsreiche Handwerksbetriebe und Geschäfte, manche existieren schon seit Jahrhunderten. So ist zum Beispiel das Juweliergeschäft Carli schon mehr als 350 Jahre alt, der noch immer genutzte Tresor des Ladens stammt aus dem Jahr 1700 und wurde in Nürnberg hergestellt. Und den berühmten Buccellato, das süße Brot aus Lucca, kauft man am besten in der Konditorei Taddeucci, dort backt man ihn nämlich schon seit über 150 Jahren.

Ein Besuch in Lucca ist also wirklich eine Zeitreise. Nur wenige andere Städte der Toskana haben sich ihr altes Gesicht so kompromisslos bewahrt wie Lucca. Vielleicht hat die Stadt meinen Vater deshalb so beeindruckt?

Necci – Pfannkuchen aus Kastanienmehl

Zutaten für 4 Personen:

250 g Ricotta
250 g Kastanienmehl (in Spezialitätenläden und im Internet erhältlich)
1 Ei
Olivenöl
1 Tl Zucker
1 Tl Salz

Zubereitung:

Das Mehl mit Salz und Zucker vermischen und anschließend langsam so viel Wasser unterrühren, bis ein dickflüssiger Teig entstanden ist. Eine halbe Stunde lang ruhen lassen, dann das Ei unterrühren. In einer beschichteten Pfanne Olivenöl erhitzen und jeweils so viel Teig hineingeben, dass ein dünner Pfannkuchen entsteht. Von beiden Seiten backen und nach und nach den gesamten Teig zu Pfannkuchen backen.

Die Pfannkuchen mit dem Ricotta servieren. Nach Belieben kann man dazu auch noch Früchte, Kastaniencreme (ebenfalls im Internet erhältlich) oder Marmelade reichen.

Fades Brot mit Speck – die Küche der Toskana

Haben Sie das letzte Rezept gelesen? Es ist ein ganz einfaches Bauernrezept aus der Garfagnana, der wildromantischen Bergregion nördlich von Lucca. Originalgetreu backt man diese Pfannkuchen nicht in der Pfanne, sondern auf langstieligen eisernen Schiebern über offener Flamme in einem Steinofen. Aber wer von uns hat schon einen holzbefeuerten Steinofen? Da kann man sich mit der Pfanne behelfen. Doch wie ist das mit den Zutaten? Kastanienmehl? Das klingt nun wirklich einigermaßen ungewöhnlich.

Die Wälder der Garfagnana, wir haben es bereits gehört, bestehen zu großen Teilen aus Edelkastanien. Da bot es sich für die Bauern und Hirten in dieser kargen Region natürlich seit jeher an, die wertvollen Esskastanien in ihren Speiseplan mit einzubeziehen. Man kann sie im Ofen rösten, glasiert oder in Wein gedünstet als sättigende Beilage verzehren oder einen Risotto mit Kastanien zubereiten. Sie werden zu einem süßen Brotaufstrich verarbeitet oder aber zu Mehl gemahlen. Damit lassen sich dann viele Dinge herstellen, von Kuchen bis zu Nudeln, von Gnocchi bis zu Brätlingen oder eben Pfannkuchen wie den Necci, die in den Bauernfamilien entweder mit süßen oder auch mit pikanten Beilagen verspeist werden.

Die Küche der Toskana ist eine einfache und bodenständige. Hier wird nicht viel Schnickschnack betrieben, es wird verwendet, was Region und Jahreszeit gerade zu bieten haben, und das große Glück der toskanischen Köche ist, dass ihr Land dabei nicht gerade kleinlich ist. Alleine schon die würzigen Kräuter, die hier allerorts gedeihen, wie duftende Rosmarinhecken, dicke Lorbeerbüsche, Salbei, Oregano, Majoran, Thymian oder hocharomatisches Basilikum, machen es den Köchen leicht, ohne viel Aufwand Gerichte mit pfiffigem Geschmack auf den Teller zu zaubern.

Es gibt spezifische Spezialitäten in den verschiedenen Regionen der Toskana, wie die Kastaniengerichte der Garfagnana, wobei diese früher vor allem ein Armeleuteessen gewesen sind. Die Wälder der Garfagnana liefern auch köstliche Steinpilze, die von den Pilzsuchern auf Märkten oder an Straßenständen ganz frisch verkauft werden. Getrocknet sorgen diese Bodenschätze der Garfagnana rund ums Jahr für pikante Würze von Risottos, Nudel- oder Fleischgerichten.

Das fruchtbare toskanische Land beschenkt seine Bewohner wie aus dem Füllhorn mit prächtigem Gemüse, saftigem Obst und würzigen Oliven, aus welchen hervorragendes Öl gepresst wird, die wichtigste Basis der toskanischen Küche. Mit dem Öl wird nicht nur gebraten, gekocht oder die Salatsauce angerührt, man isst es auch pur mit etwas Salz auf frischem Weißbrot. Denn das toskanische Olivenöl gilt als ganz besonders wertvoll. Es gibt davon 17 Sorten, die nach Regionen, Qualität und Geschmack unterschieden werden. Die geschützte Herkunftsbezeichnung Denominazione d'Origine Protetta, kurz DOP, garantiert hierbei den regionalen Ursprung des einzelnen Produkts. Die häufigsten Öle der Toskana sind Frantoio, Moraiolo, Leccino und Pendolino. Ölmühlen und Händler bieten Ölverkostungen an, dabei kann man selbst herausfinden, welches Öl man persönlich bevorzugt. Die Geschmacksunterschiede sind nämlich beträchtlich.

Vielleicht serviert man Ihnen dann zur Ölverkostung das Pane Sciocco. Dieses Brot ist eine Besonderheit der Toskana, wenn man aber hört, dass es übersetzt nichts anderes als »fades Brot« heißt, klingt das zunächst nicht gerade verlockend. Der Ursprung dieses Brotes liegt viele Jahrhunderte zurück. Es gab nämlich im 12. Jahrhundert einen üblen Streit zwischen Pisa und Florenz. Pisa, die Stadt am Meer, hatte Florenz immer mit Salz beliefert, doch im Zuge des Streites stellten die Pisaner ihre Lieferungen kurzweg ein. In Florenz wusste man sich zu helfen und backte das Brot ganz einfach ohne Salz. Diese Herstellungsart hat sich bis heute erhalten, denn das geschmacksneutrale Brot eignet sich ausgezeichnet für Bruschetta, die mit Olivenpaste, Thunfisch, Gemüsecreme oder Tomaten belegten Röstbrotscheiben, in der Toskana übrigens auch »fettunta« genannt. Das Pane Sciocco passt auch wunderbar als Beigabe zu würzigen Speisen, zu Käse und Salami oder eben ganz einfach zu aromatischem Olivenöl.

Die toskanischen Küsten liefern reichlich Fisch und Meeresfrüchte in die Küchen, aus den Wäldern kommt Wild auf den Tisch und die weiten Weiden ermöglichen vielfältige Tierzucht. Deshalb gibt es eine große Palette von Fisch- und Fleischgerichten in der Toskana. Aber auch Hülsenfrüchte dienen als Eiweißlieferanten und finden sich in zahlreichen Rezeptvariationen.

Picken wir uns nun ein paar charakteristische Spezialitäten der toskanischen Regionen heraus und betrachten sie etwas genauer.

Da ist zunächst die nördlichste Region, die von Massa-Carrara. In den Steinbrüchen des Carraramarmors gibt es eine ganz besondere Delikatesse, den sogenannten Lardo di Colonnata, der uns schon im ersten Rezept begegnet ist. Dieser weiße Speck stammt von einer uralten Schweinerasse mit besonders dickem Rückenspeck und reift mit Lorbeer, Salbei, Wacholder und anderen Gewürzen in einer Wanne aus grobkristallinem Carraramarmor, beschwert mit Marmorblöcken. Guter Lardo ist weiß bis leicht rosa und schmeckt angenehm nussig. Er wird hauchdünn aufgeschnitten, und da er zart schmelzend ist, zerfließt er auf einer warmen Unterlage wie geröstetem Brot sofort. Diesen Speck gibt es in den Bergen von Carrara schon seit der Antike, er ist seit jeher ein Grundnahrungsmittel der Arbeiter in den Steinbrüchen.

In der Ebene von Lucca und den Bergen der Garfagnana liebt man die Zweikornsuppe, »zuppa di farro«, sie existiert wohl schon seit etruskischer Zeit. Beim Zweikorn, auch Emmer genannt, handelt es sich um eine uralte Weizensorte, eine der ältesten vom Menschen kultivierten Getreidearten überhaupt. Sie zeichnet sich durch Anspruchslosigkeit und ihren Reichtum an Mineralien und Eiweiß aus. Die Zweikornsuppe ist ein deftiges Eintopfgericht aus der typischen Armeleuteküche.

Eine ihrer Verwandten ist die »ribollita«, eine bäuerliche Gemüsesuppe. Der Name dieses Eintopfs heißt nichts anderes als »noch einmal gekocht«, denn ursprünglich bestand die Suppe aus Gemüseresten vom Vortag, die in eine Schüssel mit trockenem Brot gegeben, mit Zwiebelringen bedeckt und dann im Ofen erhitzt wurden, bis die Zwiebeln goldbraun glänzten. Heute gibt es eine Vielzahl von Rezepten, meist mit Kohl, weißen Bohnen, Kartoffeln, Möhren, Sellerie und Tomaten, aber stets mit Zwiebeln, Bauernbrot und Olivenöl.

Zwischen Massa und Livorno findet man Kichererbsenkuchen als beliebtes Gericht, je nach Region heißt er »torta«, »calda calda« oder auch »cecina«. Der herzhafte Kuchen wird im Pizzaofen gebacken und in Scheiben serviert.

In Livorno kommt »cacciucco alla Livornese« auf den Tisch, eine Suppe aus mindestens fünf Sorten Fisch, denn so viele

»c« sind im Wort »cacciucco« enthalten. Außerdem braucht man ein paar Meeresfrüchte und Brot. Diese Fischsuppe ist nichts anderes als die toskanische Antwort auf die Marseiller Bouillabaisse. Hier, an der Küste der Toskana, färbt man auch gerne Nudeln und Reis mit der schwarzen Tinte von Tintenfischen. Angerichtet mit roter Tomatensauce, grünem Basilikum und weißem Reibekäse zaubert das eine intensive Farbenpracht auf den Teller.

»Scottiglia di cinghiale« bereitet man in der Maremma zu, ein Ragout aus Wildschweinfleisch. Das berühmteste Fleischgericht aus Florenz ist das »bistecca alla Fiorentina«, ein gegrilltes T-Bone-Steak, das aus dem ganzen Zwischenrippenstück geschnitten wird. Die Scheiben bestehen aus Filet und Roastbeef, zwischen denen ein Knochenstück verbleibt, was dem Fleisch einen besonders intensiven Geschmack verleiht. Man grillt es über der Glut eines Holzfeuers, nur mit etwas Olivenöl, Salz, Pfeffer und Zitronensaft gewürzt. Dazu gibt es grüne Bohnen, Salat und Brot. Die Florentiner essen außerdem gerne Kutteln mit Tomatensoße und Parmesankäse, Bandnudeln mit Hasenfleisch, frittierte Artischocken oder Panzanella, einen sommerlichen Salat aus trockenem Brot, Tomaten, Basilikum und Olivenöl.

Um Siena herum gibt es dann viele Wildgerichte wie etwa Linsensuppe mit Fasan, gebackene Tauben oder Hase süßsauer. Hier bereitet man außerdem Nudeln mit Kichererbsen oder Hähnchen mit Oliven und Wein zu. Auch in der waldreichen Gegend von Arezzo bietet sich ein breites Spektrum von Wildgerichten, beliebt sind aber auch Schweineleber, Lamm vom Spieß oder Aal mit Erbsen. Wenn es nicht ganz so üppig hergehen soll, dann gibt es »pappa di pomodoro«, einen Brei aus Tomaten und altbackenem Brot. Andererseits verfeinern hier mitunter auch kostbare Trüffel die Speisen.

Weitere Spezialitäten aus der Toskana sind die Finocchiona, eine Salami mit Fenchelsamen, der Schafskäse Pecorino, den es in verschiedenen Reifegraden gibt, die »biscotti di Prato«, ein Mandelgebäck aus Prato, die Mandelkekse Ricciarelli, die harten und süßen Cantuccini oder Sfratto aus der Provinz Grosseto, eine süße Teigstange, gefüllt mit Nüssen, Orangeat, Honig und Gewürzen. »Sfratto« heißt »Zwangsräumung«, denn das Gebäck erinnert an eine traurige Geschichte. Ende des 17. Jahrhunderts erließ der Großherzog der Toskana ein Edikt, woraufhin die Juden aus der Ortschaft Pittagliano ihre Häuser verlassen und in ein Ghetto nahe der Synagoge übersiedeln mussten. Zur Umsetzung dieser Vertreibung zogen Soldaten durch die Gassen und schlugen mit Stöcken an die Türen der Betroffenen. Ein Jahrhundert später kreierte ein jüdischer Bäcker den Sfratto, um an diese Zeit zu erinnern, denn die Gebäckstangen ähneln in ihrer Form den Stöcken der Soldaten.

Über die Grenzen der Toskana hinaus bekannt ist der Weihnachtskuchen Panforte aus Siena. Er besteht aus kandierten Früchten, Mandeln, Honig, Mehl, Zucker und Gewürzen, traditionell soll das Panforte aus insgesamt 17 Zutaten gebacken werden. Denn beim berühmten Palio, dem Sieneser Pferderennen, kämpfen 17 Contraden um den Ruhm, das sind die Stadtteile von Siena. Man erhält Panforte heutzutage rund ums Jahr und isst es gerne mit Vin Santo, dem süßen Dessertwein der Toskana.

Ach ja, der Wein… Was wäre die Toskana ohne ihre berühmten Weine? Es sind so viele, dass sie dieses Kapitel nun überschwemmen würden. Wenden wir uns also erst einmal ein paar anderen Themen zu und kommen dann später noch einmal auf den Wein zurück.

Torta di ceci – Kichererbsenkuchen

Zutaten für 4 Personen:

300 g Kichererbsenmehl (im Bioladen oder im Internet erhältlich)
3 Zwiebeln
6 Tomaten
2 Knoblauchzehen
1 Bund Frühlingszwiebeln
1 El Tomatenmark
100 g geriebener Pecorino
150 ml Weißwein
1 Bund Basilikum
Olivenöl, Salz, Pfeffer

Zubereitung:

Das Mehl in einer Schüssel mit dem Pecorino, 2 Tl Salz, 750 ml Wasser und 2 El Olivenöl vermischen und anschließend abgedeckt 3 Stunden quellen lassen. Die Tomaten häuten, vierteln und entkernen. Zwiebeln und Knoblauch schälen, die Zwiebeln in Streifen schneiden, den Knoblauch fein hacken. Die Frühlingszwiebeln putzen, in Röllchen schneiden und unter den Teig rühren.

In einer Pfanne etwas Olivenöl erhitzen, dann Zwiebeln und Knoblauch goldbraun braten. Tomatenmark unterrühren, kurz mitrösten und mit Weißwein ablöschen. Die Tomaten unterrühren, mit Salz und Pfeffer würzen und 30 Minuten bei schwacher Hitze köcheln, bis die Flüssigkeit einreduziert ist.

Den Backofen auf 220°C vorheizen. Eine Springform mit Olivenöl einfetten und 5 Minuten im Backofen erhitzen. Dann herausnehmen, sofort den Teig einfüllen, glattstreichen und anschließend etwa 30 Minuten lang backen. Zwischendurch die Basilikumblättchen waschen und in Stücke zerreißen.

Nach Ende der Backzeit den Kuchen aus der Form nehmen, in Stücke schneiden und die heiße Tomatenmasse daraufgeben. Mit dem Basilikum bestreuen und servieren.

Grappa vom Papa – Begegnungen mit toskanischer Lebenskunst

Und was ist mit der Pizza? So fragen Sie vermutlich, nachdem Sie das letzte Kapitel gelesen haben. Sie wissen natürlich, dass die Pizza, das italienische Nationalgericht schlechthin, keine Erfindung der Toskaner ist. Sie stammt aus Neapel oder aus Rom, so ganz genau weiß man das nicht, denn die beiden Städte streiten sich verbittert um die Ehre. Ich halte mich da raus, aber ich muss gestehen, dass ich gerne Pizza esse. Und sie wäre nicht das italienische Nationalgericht, wenn man sie nicht auch überall in der Toskana gerne verspeisen würde. Da gibt es urige kleine Pizzerien, in denen dünne Teigfladen im Holzofen geröstet werden. Herrlich!

So dachte ich, als wir nach einer langen Wanderung am Abend nach Lucca zurückkamen. Die Kinder freuten sich wie die Schneekönige auf eine leckere Pizza, doch es war wie verhext, wir fanden in ganz Lucca keine einzige Pizzeria, bis auf eine wenig einladende Schnellbäckerei. Endlich, wir hatten schon aufgegeben, entdeckten wir an einer Ausfallstraße das rettende Schild »Pizzeria«. Erleichtert gingen wir hinein, nur um auf der Karte zu lesen, dass es Pizza montags, mittwochs und freitags gebe. Dummerweise war Donnerstag. Wir resignierten und begnügten uns mit Gnocchi.

Immerhin hatte es eine Speisekarte gegeben. Damit kann man nämlich nicht überall rechnen. Die großen Ristorantes in den Städten haben natürlich eine, vielfach sogar in mehreren Sprachen. Doch die kleinen Speiselokale auf dem Lande, die Trattoria oder Osteria heißen, haben oftmals einfach nur eine begrenzte Auswahl an Tagesgerichten. Da wird dann gegessen, was auf den Tisch kommt. Das allerdings ist in der Regel wirklich köstlich, zwar einfach, aber ganz frisch und mit Liebe zubereitet. Es gibt mehrere Gänge, und dazu locken noch Schinken, Salami und Käse. Man darf sich getrost überraschen lassen, und wenn man Glück hat, offeriert die Köchin als Dessert noch cremige Profiterole, sahniges Tiramisu oder einen hausgemachten Karamellpudding.

Nach dem Geheimtipp, wo es die beste Pizza gibt, fragt man am besten die Einheimischen. Für mich kein Problem, denn ich kannte ja Francesca. Sie wusste von einer Pizzeria oben an den Hängen der Apuanischen Alpen, von wo aus man einen weiten Blick über die Ebene der Versiliaküste genießt. Dieser Laden ist ziemlich groß und hat das in Italien so verbreitete Ambiente einer Bahnhofsgaststätte. Vor dem Eingang stehen einige uralte Spielgeräte herum, es sind Groschengräber, wo die Kleinen den Ritt auf einer wackelnden bunten Kuh oder die Fahrt in einem lärmenden Feuerwehrauto antreten können.

Die Pizzeria ist ein Familienbetrieb. Der Vater sitzt in der Vorhalle und schaut Fernsehen bei voller Lautstärke. Er tritt erst hinterher in Erscheinung, wenn es heißt, die Rechnung zu bezahlen, denn das ist sein Metier.

Der Sohn steht schwitzend an einem riesigen Holzofen im hinteren Bereich dieser Halle und grillt gigantische Stücke von Bistecca, die dann unter einem wahren Berg von Rucola vergraben serviert werden. Ein solches Fleischstück teilt sich am Tisch eine ganze Familie. Außerdem ist der Sohn natürlich auch für die Pizza zuständig, und er versteht sein Geschäft. Er macht die beste Pizza weit und breit.

Von der Vorhalle biegt man ab in den Gastraum, der präsentiert sich riesig groß, schmucklos und vollgestellt mit Tischen. Im vorderen Bereich öffnet sich die Fensterfront hin zum wirklich tollen Panorama. An den Sommerabenden kreisen hier bei geöffneten Fenstern merkwürdige Rauchspiralen, die die Mücken fernhalten sollen, was aber nicht so wirklich gelingt. Schließen sollte man die Fenster aber auch nicht, denn im Gastraum ist es geradezu drückend warm. Alle Geräusche hallen hier gnadenlos wider, denn der Linoleumboden und die kahlen Wände verschlucken nichts davon. Die Neonröhren verbreiten dazu ihr grellkaltes Licht. Aber was macht das alles, wenn es die beste Pizza der ganzen Versilia gibt?

Hinterher, wenn wir gesättigt sind und selig der Pizza hinterherschmecken, schaut die Mama bei uns vorbei, hält ein kleines Schwätzchen mit uns. Beschwingt bitten wir sie dann, zum Espresso noch einen Grappa zu servieren. Sie lächelt wissend und zwinkert Francesca zu. Die beiden kennen sich schon sehr lange, Francesca ist hier Stammgast. Deshalb bekommt sie keineswegs den fuseligen Grappa aus dem Supermarkt. Nein, für Francesca und ihre Freunde gibt es den besonderen Hausbrand!

Ich habe beim ersten Mal wohl etwas verdutzt geschaut. Natürlich ist die Schwarzbrennerei auch in Italien verboten. Aber wo kein Kläger, da kein Richter, und vor allem »cane non mangia cane«, was so viel heißt wie »eine Krähe hackt der anderen kein Auge aus«. In den Dörfern keltert man überall seinen eigenen Wein, und aus dem Trester wird Grappa gebrannt, was denn sonst. Francesca erzählt vom Polizeichef, der nach der Arbeit bei einem Bauern vorbeifährt, um sich dort den selbstgebrannten Grappa zu kaufen. Der ist nämlich nicht nur viel billiger als Grappa aus dem offiziellen Handel, er schmeckt vor allem viel besser. Und tatsächlich: Der Grappa, der uns in der Pizzeria serviert wird, erweist sich als weich, mild und sehr aromatisch. Ich bin begeistert.

Den Grappa destilliert, so erfahre ich, der Opa, der mir bisher noch nicht aufgefallen war. Er sitzt mit ein paar anderen alten Männern in einer Ecke der Vorhalle und spielt Karten. Opa ist ein echter Grappaspezialist. Aber weil es viel griffiger klingt, nenne ich das hochprozentige Getränk von nun an nur noch »Grappa vom Papa«. Es gelang Francesca tatsächlich ein paarmal, ihm ein Fläschchen davon abzuschwatzen. Eigentlich gibt er das kostbare Nass nämlich nicht so gerne ab.

Irgendwann besuchte ich dann wieder einmal mit den Kindern diese Gegend. Ich schwärmte ihnen in höchsten Tönen von der Pizza vor und die ganze Familie freute sich auf einen Besuch beim Papa. Die Tischreservierung konnte man inzwischen tatsächlich online vornehmen, so viel Moderne hätte ich der Familie gar nicht zugetraut. Begeistert trafen wir an einem Sonntagmittag ein, hatten dabei aber eine Kleinigkeit übersehen: Es war Ostersonntag… Und der Laden brechend voll.

Denn nach dem obligatorischen Kirchenbesuch muss ja gegessen werden, und weil niemand Zeit zum Kochen gehabt hat, geht man natürlich aus. Dicht an dicht standen die Tische, eng gedrängt saßen die Familien daran, vom Uropa bis zum Kleinkind, und nach italienischer Art wurde lauthals durcheinandergeplaudert, wurden lärmend Stühle gerückt, kreischten die Kinder und tobten zwischen den Tischen herum. Der Geräuschpegel erreichte ein unglaubliches Maß.

Pizza gab es nicht. Stattdessen wurde ein Ostermenü in mehreren, einheitlich festgelegten Gängen serviert. Aber die Enttäuschung über die entgangene Pizza schwand schnell. Denn das wuselig-chaotische Feiertagsambiente entpuppte sich als ein Erlebnis der ganz besonderen Art. Und geschmeckt hat es auch!

Panzanella – ein Brotsalat

Zutaten für 4 Personen:

etwa 250 g altbackenes Weißbrot oder Ciabatta
30 reife Cherrytomaten
1 rote Zwiebel
1 Bund Basilikum
4 Knoblauchzehen
2 Tl Zucker
Rotweinessig
gutes Olivenöl
Salz, Pfeffer

Zubereitung:

Das Brot in Würfel von etwa 2 cm Kantenlänge schneiden und auf einem Backblech verteilen. Die Knoblauchzehen fein hacken und darüberstreuen. Mit Olivenöl beträufeln und danach im auf 180°C vorgeheizten Backofen goldbraun rösten.

Die Tomaten waschen und vierteln. Die Zwiebel schälen und fein hacken. Die Basilikumblättchen abzupfen, waschen und grob zerreißen.

Reichlich Olivenöl in einer Salatschüssel mit etwas Essig, dem Zucker, Salz und Pfeffer vermischen und abschmecken. Die Zwiebeln und Tomaten unterrühren, danach die Brotwürfel und das Basilikum dazugeben. Gut vermischen und vor dem Servieren noch zehn Minuten lang durchziehen lassen.

Ein brillanter Trotzkopf – Galileo Galilei

Papst Urban VIII. ging in seinem Arbeitszimmer auf und ab. Er hatte die Hände hinter dem Rücken verschränkt, seine Stirn lag in Falten. Urban war wütend. Seinen Ärger konnte er nur mühsam unter Kontrolle halten. Warum hatte es so weit kommen müssen?

Es herrschten schwierige Zeiten. Der Norden Europas befand sich im Umbruch, überall erhoben sich ketzerische Reformatoren und stellten die Macht der Kirche infrage. Verlogene Bastarde, die es wagten, die Lehre der heiligen römisch-katholischen Kirche zu kritisieren und ihm, dem Stellvertreter Gottes auf Erden, seine Allmacht abzusprechen. Eine Ungeheuerlichkeit! Nur mühsam gelang es den Dominikanern und den Jesuiten, zumindest in Italien für Ruhe zu sorgen. Hier behauptete die Kirche sich unangefochten, und darüber, dass das auch so bleiben möge, wachte akribisch die Inquisition.

Und nun musste dieser toskanische Querulant, Galileo Galilei, sich über die ihm auferlegten Regeln und Gebote öffentlich lustig machen. Der Papst hatte gar nichts gegen den Gelehrten aus Pisa, einem eloquenten und gescheiten Kopf. Man konnte wunderbar mit ihm diskutieren. Bereits sechsmal hatte ihn der Papst empfangen und mit ihm über das kopernikanische Weltbild geredet, die These, dass nicht die Erde, sondern die Sonne im Mittelpunkt des Universums stehe. Blanker

Unsinn natürlich, aber immerhin ein interessanter Gedanke, über den man einen angeregten Disput führen konnte. Der Pisaner erwies sich als schlau, er machte allerhand Experimente und fand dabei Erklärungen für Dinge heraus, über die Urban noch nie nachgedacht hatte.

Galilei beschäftigte sich mit den Fallgesetzen und unternahm im Dom von Pisa Versuche mit einem Pendel. Danach erfand er die schiefe Ebene und beobachtete Kugeln aus unterschiedlichen Materialien, wie sie sich beim Rollen darauf verhielten. Aufgrund dieser Studien konnte er als Erster die Beschleunigung wissenschaftlich beschreiben.

Außerdem entwickelte Galilei eine Art Rechenschieber und perfektionierte die Idee eines Holländers: das Fernrohr. Damit erreichte er schließlich eine bis zu 33-fache Vergrößerung, der militärische Nutzen sollte doch wohl großartig sein! Der Pisaner beobachtete damit allerdings gar keine feindlichen Truppen, er richtete sein Fernglas in den Himmel. Konnte man bisher die Sterne nur mit bloßem Auge beobachten, so eröffnete sich für Galilei erstmals ein völlig anderer Blick auf den Sternenhimmel. Er entdeckte Berge, Täler und Krater auf der Mondoberfläche, und bei der Milchstraße handelte es sich gar nicht um Nebel, sondern tatsächlich um unzählige Sterne. Es gelang ihm sogar, beim Planeten Jupiter vier Monde zu entdecken. Seine Erkenntnisse veröffentlichte er in einem Buch und kam damit schlagartig zu großem Ruhm. So weit, so gut. Das alles wäre kein Problem gewesen.

Doch im Jahre 1604 ereignete sich eine Supernova, und Galilei behauptete, seine Beobachtungen würden beweisen, dass dieser Stern weit von der Erde entfernt sei, draußen bei den Fixsternen. Die Ebene der Fixsterne galt aber als unveränderliches Firmament. Wie konnte dort ein neuer Stern aufleuchten? Ein ganz schön starkes Stück, um nicht zu sagen, eine ketzerische Frechheit, dass Galilei die Unveränderlichkeit des kirchlichen Weltbildes in Frage stellte.

Aber es kam noch schlimmer. Mit seinem Freund, dem deutschen Wissenschaftler Johannes Kepler, tauschte sich der Pisaner über die Beobachtungen aus und kam zu dem Schluss, dass das geozentrische Weltbild so nicht stimmen konnte. Dabei wusste man doch seit jeher, dass die Erde im Mittelpunkt des Kosmos stand!

Der Pisaner fand mithilfe seines Fernglases heraus, dass die Venus genau wie der Mond Phasengestalten aufweist. Das bedeutete wohl, dass die Venus zeitweise zwischen Erde und Sonne stehen musste, zu anderen Zeiten jedoch auf der anderen Seite der Sonne. Mit dem alten geozentrischen Weltbild des Ptolemäus ließ sich diese Entdeckung nicht vereinbaren.

Und dann richtete der Pisaner sein Fernrohr auf die Sonne und entdeckte Flecken auf deren Antlitz. Das zumindest behauptete er. Eine Ungeheuerlichkeit! Denn Gott erschuf die Sonne doch vollkommen und perfekt! Wie sollten da Flecken auf ihr sein?

Alles kein Problem, behauptete Galilei. All diese Erkenntnisse ließen sich sehr wohl mit der Bibel in Einklang bringen. Man müsse sie nur entsprechend interpretieren. Und im Übrigen habe Luft ein eigenes Gewicht und sei keineswegs schwerelos, wie man bisher annahm. Dieser Pisaner wollte wohl einfach alles, was man wusste, über den Haufen werfen! Wie konnte er so arrogant sein?

Die Inquisition hatte sich inzwischen eingeschaltet und Galilei die Auflage gemacht, seine Idee vom heliozentrischen Weltbild immer nur als mathematisches Modell vorzustellen, keineswegs als ernstgemeinte wissenschaftliche Theorie. Doch der aufmüpfige Pisaner tat sich schwer damit, dieser Forderung nachzukommen.

Dabei besaß er einen brillanten Geist. Als Erster verfasste er seine wissenschaftlichen Werke in italienischer Sprache, nicht wie bislang üblich in Latein. Damit wollte er seine Erkenntnisse einer breiten Öffentlichkeit zugänglich machen und eine allgemeine Diskussion anstoßen. Außerdem postulierte er, dass die Wissenschaft mit mathematischer Präzision betrieben werden müsse, womit er den Spekulationen der Alchemisten und der Astrologen eine klare Absage erteilte. Das sollte ihn zum Begründer der modernen Naturwissenschaften machen.

Schon lange bewunderte Papst Urban VIII. den Pisaner. Auch bevor er 1623 zum Papst gewählt wurde, hatte er ihn schon unterstützt und immer wieder ein Wort für ihn eingelegt, wenn Galilei mal wieder zu vorwitzig redete und die Situation brenzlig zu werden drohte. Aber jetzt war er endgültig zu weit gegangen. Er hatte wieder ein Buch veröffentlicht, den »Dialogo«, und er wagte es, sich über die Forderung der Inquisition lustig zu machen, indem er zwar das geozentrische Weltbild am Ende seines Buches als das einzig richtige herausstrich, diese Erklärung aber einem offensichtlichen Dummkopf in den Mund legte. Es würde einen Prozess geben. An dessen Ende konnte nur der Tod durch den Scheiterhaufen stehen! Und ihm, Urban, waren in dieser Sache die Hände gebunden. Nein, dieses Mal würde er nicht mehr für Galilei einstehen können.

Am 22. Juni 1633 fand der Prozess gegen Galileo Galilei in der römischen Kirche Santa Maria sopra Minerva statt. Entgegen seiner tiefen Überzeugung schwor Galilei dem heliozentrischen Weltbild ab und entging damit doch noch dem Todesurteil. Er kam mit lebenslanger Kerkerhaft davon. Ob er tatsächlich beim Verlassen der Kirche trotzig gesagt hat: »Und sie bewegt sich doch«, kann nicht bewiesen werden. Tatsächlich ist es wohl ziemlich unwahrscheinlich, denn es hätte ihn leicht den Kopf kosten können.

Galileo Galilei hatte Glück im Unglück. Die Kerkerhaft blieb ihm erspart, stattdessen stellte man ihn unter Hausarrest in seiner Villa im ländlichen Florentiner Stadtteil Arcetri. Hier verbrachte er die restlichen achteinhalb Jahre seines Lebens. Er durfte keine weiteren Werke mehr veröffentlichen und nur begrenzt Besucher empfangen. Allerdings führte er einen ausgedehnten Briefwechsel mit Freunden und Wissenschaftlern im In- und Ausland.

Seine Gesundheit machte ihm schon seit längerer Zeit zu schaffen. Hinzu kamen große Sehprobleme, 1638 erblindete er schließlich ganz. Seine ungeschützten Sonnenbeobachtungen dürften hieran nicht ganz unbeteiligt gewesen sein.

Es dauerte bis 1979, dass endlich durch Papst Johannes Paul II. ein Wiederaufnahmeverfahren in Sachen Galilei angeregt wurde. Die Päpstliche Akademie der Wissenschaften nahm sich der Angelegenheit an und überreichte 13 Jahre später ihren Bericht. Und so konnte Galileo Galilei endlich im November 1992 seine vollständige kirchliche Rehabilitierung erfahren. Im Jahre 2008 bekräftigte der Vatikan dies noch einmal ausdrücklich und distanzierte sich vom Urteil der Inquisition. Denn das damalige Urteil gegen Galilei hatte Papst Urban VIII. überhaupt nicht unterschrieben. Und mehr noch: Galileo Galilei sollte jetzt sogar eine Statue im Vatikan erhalten. Darüber hätte er sich vermutlich gefreut, denn Galilei war ein tiefgläubiger Mann. Doch leider überlegte man es sich doch noch einmal anders.

Mehr als über ein Denkmal im Vatikan hätte Galilei sich vermutlich über seine allgemeine Anerkennung in der Wissenschaft gefreut und darüber, dass er letztendlich mit fast all seinen wissenschaftlichen Erkenntnissen richtig gelegen hat.

Penne con verdure d'estate – Penne mit Sommergemüse

Zutaten für 4 Personen:

400 g Penne
150 g weiße Bohnen aus der Dose (abgetropft)
100 g frische grüne Bohnen
4 Möhren
4 Tomaten
4 kleine Artischocken (Babyartischocken)
100 g Erbsen
1 Zwiebel
2 Frühlingszwiebeln
2 Knoblauchzehen
1 Zitrone
1 kl. Bund Blattpetersilie
4 Salbeiblätter
1 kl. Bund Basilikum
Olivenöl
Pfeffer, Salz
geriebener Parmesankäse

Zubereitung:

Die Zitrone auspressen und den Saft in eine Schüssel mit ½ l kaltem Wasser geben. Die Artischocken putzen, dabei Einmalhandschuhe tragen, denn ihr Saft verfärbt die Haut. Zunächst die Stiele ganz knapp am Blätteransatz abschneiden, dann das obere Drittel der Artischocken abschneiden. Als nächstes alle harten Blätter entfernen, sodass nur noch das Innere mit den weichen Blättern übrig bleibt. Die Artischocken nun längs vierteln und sofort in die Schüssel mit dem Zitronenwasser legen.

Die grünen Bohnen waschen, putzen und in ca. 2 cm lange Stücke schneiden. Die Tomaten würfeln, die Zwiebel schälen und würfeln. Die Knoblauchzehen fein hacken, die Frühlingszwiebeln putzen und in Röllchen schneiden. Petersilien- und Basilikumblättchen abzupfen und zusammen mit dem Salbei fein hacken. Möhren putzen und in kleine Würfel schneiden.

In einer großen Pfanne reichlich Olivenöl erhitzen und zunächst die Zwiebel und den Knoblauch glasig anbraten. Dann Möhren, Frühlingszwiebeln, Bohnen und die abgetropften Artischocken hinzugeben und 15 Minuten kräftig rösten. Anschließend die Erbsen, weißen Bohnen und Tomaten dazugeben, mit Salz und Pfeffer abschmecken und 8 Minuten bei geringer Hitze ziehen lassen.

In der Zwischenzeit die Penne in Salzwasser »al dente«, also bissfest, kochen. Durch ein Sieb abgießen, dabei eine geringe Menge des Kochwassers zurückbehalten. Die Nudeln zurück in den Topf mit dem Kochwasserrest geben und die Gemüsemischung aus der Pfanne untermischen. Zum Schluss die Kräuter dazustreuen und gut unterheben.

Auf tiefen Tellern anrichten und mit Parmesankäse überstreuen.

Warum gerade, wenn es auch schiefgeht? – Pisa und sein Turm

Galileo Galilei hat uns ein kleines Stückchen weiter in den Süden der Toskana geführt: in seinen Heimatort Pisa. Als er 1564 hier geboren wurde, lag die Zeit der großen Blüte schon hinter der Stadt. Sie stellte einst in römischer Zeit einen wichtigen Hafen dar, denn Pisa lag direkt am Meer. Das fruchtbare Land hier im Delta des Arno ernährte die Bevölkerung, die dichten Wälder des Hinterlands lieferten Holz für den Schiffbau. Aus den Steinbrüchen der Umgebung kam hochbegehrtes Baumaterial, das über den Hafen von Pisa in die anderen Städte des römischen Reichs abtransportiert wurde.

Pisas Lage erwies sich strategisch als ausgesprochen günstig. Deshalb stieg Pisa mit seiner Flotte zu einer wichtigen Seemacht auf. Seine Bewohner avancierten im 11. Jahrhundert zu den ersten freien Bürgern ganz Italiens. Doch ständige kriegerische Auseinandersetzungen mit den arabischen Freibeutern, den Sarazenen, und den rivalisierenden Städten Genua, Lucca und Florenz setzten der Stadtrepublik zu. Im 13. Jahrhundert kam es zu einer verheerenden Niederlage gegen Genua, im 14. Jahrhundert verlor Pisa seine Unabhängigkeit an Florenz. Zu allem Übel kam hinzu, dass die Mündung des Arno immer mehr versandete. Pisas Hafen schwand dahin. Heute liegt das Zentrum der Stadt etwa zehn Kilometer von der Küste entfernt.

Und dennoch zählt Pisa zu den berühmtesten und meistbesuchten Städten der Toskana. Jedes Kind kennt sein berühmtes Wahrzeichen, den Schiefen Turm.

Es geschah im 11. Jahrhundert, dass die Stadtherren von Pisa beschlossen, der damaligen Mode entsprechend ein repräsentatives Gotteshaus mit zugehöriger Taufkirche und Glockenturm zu errichten. Ein gewaltiges Projekt, es sollte mehr als 200 Jahre Bauzeit beanspruchen.

Man wählte eine Wiese vor den Toren der Stadt als Standort für die Prachtanlage, und mehr als 800 Jahre nach Baubeginn gab der exzentrische italienische Schriftsteller Gabriele d'Annunzio diesem Platz einen Namen, unter dem er heute allgemein bekannt ist: »Piazza dei Miracoli«, Platz der Wunder, nicht zu verwechseln mit dem »Campo dei Miracoli«, der ist nämlich fiktiv und existiert nur in der Geschichte von Pinocchio (der übrigens auch ein waschechter Toskaner ist).

Geld gab es im Überfluss, denn von den Arabern auf Sizilien hatten die Pisaner reiche Schätze erbeutet. Man entschied sich für den schneeweißen Marmor aus Carrara als Baumaterial und begann mit dem Bau des herrlichen Doms, der einen kreuzförmigen Grundriss hat und dessen Fassade aus dem 12. Jahrhundert als »Pisaner Romantik« zum Vorbild für zahllose andere Bauten in der Toskana aufstieg. Neben dem Dom errichtete man ab 1152 im gleichen romanischen Baustil das Baptisterium mit kreisrundem Grundriss. Es ist mit 54 Metern Höhe bis heute die größte freistehende Taufkirche in der christlichen Geschichte.

Gute 20 Jahre später legte man den Grundstein für das dritte Bauwerk der Anlage, den Glockenturm. Mit 55 Metern Höhe sollte dieser Campanile die prachtvolle Bauanlage knapp überragen und dabei zu einem harmonischen Gesamtbild führen.

Aber die Baumeister übersahen eine Kleinigkeit. Die grüne Wiese, die sie für ihr gigantisches Projekt auserkoren hatten, ist Schwemmland des Arno. Heute weiß man, dass der Untergrund aus einem antiken Hafenbecken besteht, das bei Baubeginn bereits versandet war. Hier baut man also buchstäblich auf Sand.

Davon ahnten die mittelalterlichen Architekten allerdings nichts. Die fatalen Folgen ihrer Unkenntnis zeigten sich schon früh. Denn als man bei der dritten Etage des Turms ankam, begann er sich zu neigen. Die Bauherren erschraken zutiefst und ließen die Arbeiten umgehend einstellen. 100 Jahre lang ruhten diese wie in Schockstarre. Baumeister und Ratsherren grübelten und kamen schließlich zu einem Ergebnis: Sie würden die nächsten Stockwerke einfach leicht in die andere Richtung neigen lassen, um somit die Schräglage des Turms auszugleichen. Gesagt, getan, die nächsten vier Stockwerke setzten sie schief auf den Schiefen Turm. Zum Schluss kam noch das Glockenhaus oben drauf, das Ganze dauerte bis 1372. Aber die Glocken zu läuten, traute sich niemand, aus Angst, deren Schwungkraft könne den so bedenklich geneigten Turm zum Einsturz bringen.

Doch der Turm blieb stehen. Vorwitzig lugt er seitlich des Doms über die Piazza dei Miracoli, als wolle er schon einmal schauen, wer da so alles kommt. Denn die Besucher strömen in der Regel von Westen heran, vorbei an Baptisterium und Dom werden sie über eine Fußgängerstraße zum Schiefen Turm geleitet, die dicht an dicht von Souvenirläden flankiert wird. Sie ist eine wahre Neppmeile.

Als ich in meiner Kindheit erstmals auf den Platz der Wunder kam, konnte man den Schiefen Turm noch ungehindert besteigen. Ich erinnere mich gut daran, wie abenteuerlich ich den Aufstieg auf den etwa 290 ausgetretenen Marmorstufen damals fand. Der enge und düstere Spiralweg lässt die Neigung des Turms deutlich spüren, und das Gefühl im Magen wird mit jeder Stufe unangenehmer, bis es sich zu einem ausgewachsenen Drehwurm gesteigert hat. Oben angekommen steht man dann im Freien auf der Plattform, noch immer leicht schwindelig, und wenn auch ein Geländer vor dem Abgrund schützt, so ist doch der zentrale Teil des Glockenhauses dem gegenüber erhöht. Man fühlt sich, als stünde man haltlos über der Tiefe – und das auch noch schief!

Das ist nichts für Menschen mit Höhenangst, deshalb werden solche das herrliche Panorama über die Altstadt von Pisa, die Berge und das Küstenland kaum genießen können. Mit weichen Knien begibt man sich wieder an den Abstieg, und der ist womöglich noch ungemütlicher als der Aufstieg. Da ist man froh, wenn man wieder festen Boden unter den Füßen hat.

Den festen Boden behielten alle Besucher Pisas ab Januar 1990 zwangsläufig unter ihren Füßen. Denn damals sperrte man den Turm, weil die Schieflage bedrohliche Ausmaße annahm und man jetzt jederzeit den Einsturz des Bauwerks befürchtete. In einer weltweiten Ausschreibung wurden Baustatiker dazu aufgefordert, sich dringend etwas einfallen zu lassen.

Und sie versuchten so allerhand. Sie stapelten Bleibarren als Gegengewicht auf den Boden an der Turmseite, die sich nicht abgesenkt hatte. Schwere Anker unterstützten die Wirkung dieser Gewichte. Immerhin konnte damit schon einmal die weitere Absenkung des Turms aufgehalten werden. Dann wurde damit experimentiert, den Untergrund mit Betoninjektionen zu stabilisieren, diese Maßnahme blieb aber erfolglos. Auch eine Vereisung des Bodens erbrachte nichts. Als nächstes spannte man Stahlseile an der Innenseite des Turms, um die

Fundamente in der Neigungsrichtung zu entlasten. »Bretelle«, Hosenträger, wurden sie genannt.

1999 setzten die Verantwortlichen schließlich eine Technik ein, die sich schon in den Sechzigerjahren bei einer Kathedrale in Mexiko bewährt hatte. Dabei wurde dem Untergrund an der neigungsabgewandten Seite Erdmaterial entnommen, um den Turm auf diese Weise ein Stück weit wiederaufzurichten. Das Unterfangen zeigte Erfolg, der Schiefe Turm konnte um ganze 44 Zentimeter begradigt werden. Nun beträgt sein Neigungswinkel nur noch etwa 4 Grad, an der Spitze des 14.500 Tonnen schweren Turms macht das einen Schiefstand von 3,9 Metern aus.

Und so konnte der Turm im Dezember 2001 auch endlich wieder für Besucher freigegeben werden. Halbstündlich dürfen bis zu 40 Personen für die Dauer von 30 Minuten hinauf, die Tickets sollte man zeitig vorher im Internet buchen.

Das machen wir, sagte ich mir enthusiastisch, denn ich wollte meinen Kindern das eindrucksvolle Erlebnis der Turmbesteigung nicht vorenthalten. Als ich die Kleinen dann unbeschwert oben auf der Plattform herumtollen sah, während mir beim Anblick des Abgrunds das Herz fast stillstand, kamen mir aber doch starke Zweifel an der Brillanz meiner Idee. Auf den letzten Aufstieg bis ganz nach oben zur Turmspitze habe ich dann auch lieber verzichtet. Ich war heilfroh, als wir wieder unten ankamen.

Nun, dachte ich, wenden wir uns von den ausgetretenen Touristenpfaden einmal ab und besuchen die gleich neben dem Platz der Wunder liegende Altstadt von Pisa. Hier gehen nämlich die meisten Besucher nicht mehr weiter. Die Altstadt von Pisa mit ihren gelb gestrichenen Häusern ist daher recht urtümlich geblieben, sie unterscheidet sich deutlich von den lebhaften Zentren der anderen toskanischen Städte. Pisa hat drei Universitäten, zwei davon sind Elitehochschulen. Fast die Hälfte der Einwohner sind deshalb Studierende, das sind an die 40.000 Personen.

Doch ich gewann den Eindruck, dass Pisa sich nicht unbedingt auf positive Art von Städten wie Lucca, Siena oder Florenz unterschied. Es wirkte ein bisschen heruntergekommen und ungepflegt. Besonders nach dem hell strahlenden Glanz und der Pracht auf der Piazza dei Miracoli stach mir dieser Gegensatz ins Auge. Aber vielleicht wirkte ja auch nur das flaue Gefühl von der Turmbesteigung noch in mir nach.

Lesen Sie eine weitere Geschichte von Almut Irmscher im Reisemagazin des MANA-Verlags: *Lügen haben lange Nasen*

Scaloppine al limone – Kalbsschnitzel in Zitronensauce

Zutaten für 4 Personen:

4 dünne Kalbsschnitzel à ca. 160 g
2 unbehandelte Zitronen
2 Knoblauchzehen
60 g Butter
2 El Pinienkerne
4 cl Vin Santo (Dessertwein aus der Toskana)
8 Blättchen Salbei
Zucker, Salz, Pfeffer
Olivenöl

Zubereitung:

Die Schnitzel waschen, trocken tupfen und halbieren. Die Zitronen waschen, eine davon längs in Achtel schneiden und beiseitestellen. Von der anderen den gelben Anteil der Schale abreiben, danach diese Zitrone auspressen. Die Salbeiblätter und die Knoblauchzehen grob hacken und mit 4 El Olivenöl, der Zitronenschale und dem Saft verrühren. Die Schnitzel damit bedecken und 2 Stunden lang im Kühlschrank marinieren lassen. Die Pinienkerne in einer Pfanne ohne Fett goldbraun rösten und beiseitestellen.

Anschließend die Schnitzel aus der Marinade nehmen. In einer Pfanne einen kleinen Schuss Olivenöl gut erhitzen und die Schnitzel von jeder Seite 2 Minuten scharf anbraten. Aus der Pfanne nehmen, die Hitze reduzieren und nun die Marinade zusammen mit dem Vin Santo und der Butter in die Pfanne geben. Salzen, pfeffern und eine Prise Zucker hinzugeben. Gut verrühren und aufkochen lassen. Nun die Schnitzel wieder hineinlegen und kurz erwärmen. Auf Tellern anrichten und mit der Sauce begießen. Die Pinienkerne darüberstreuen und jeweils zwei Zitronenachtel dazulegen.

Mit frischem Weißbrot und Salat servieren.

Abstieg ins Paradies – Napoleon auf Elba

Alles lief wie geschmiert. Die Welt wusste der Gewalt des kleinen Mannes nichts entgegenzusetzen. Wie einst Alexander der Große mehr als 2.000 Jahre zuvor eroberte Napoleon sie im Sturm. Schon bald nahm seine Macht ein allumfassendes Ausmaß an, sein Heimatland Frankreich liebte ihn. Napoleon fühlte sich wie ein Gott. Und jetzt das.

Zwar gelang es seinen Truppen, mit einem blutigen Pyrrhussieg die russischen Truppen vor Moskau zu schlagen. Mehr als 70.000 Tote forderte eine einzige Schlacht, aber am Ende konnte Napoleon triumphierend in Moskau einziehen. Doch dann stand die Stadt plötzlich in Flammen, Hunger und Kälte verleideten den überlebenden französischen Soldaten ihren Sieg. Ohne Hoffnung auf eine Besserung der Situation mussten sie schließlich abmarschieren. Und der frostige russische Herbst gab ihnen auf dem Rückmarsch den Rest. Die Moral stürzte ins Bodenlose.

Napoleons Feinde witterten ihre Chance und formierten sich neu. Preußen, Russland, Österreich, Bayern und Schweden schmiedeten eine Allianz. Kurz vor der entscheidenden Schlacht schlossen sich auch noch Sachsen und Westfalen diesem Bündnis an. Die Völkerschlacht bei Leipzig geriet zu einer verheerenden Niederlage für die Truppen Napoleons. Und die Stimmung daheim in Frankreich kippte.

An der spanischen Front begann jetzt der britische Militärführer General Wellington Druck zu machen. Napoleon musste dringend neue Soldaten rekrutieren, um dem standhalten zu können. Doch den Franzosen war die Lust an der Kriegsführung vergangen. Am 31. März 1814 siegten die Alliierten in der Schlacht bei Paris gegen Napoleons verbliebene Streitmacht. Sie zwangen ihn daraufhin zum Abdanken und wiesen ihm die Insel Elba als neuen Wohnsitz zu. Vergeblich versuchte der erfolgsverwöhnte Eroberer in seinem Schock, sich das Leben zu nehmen.

Da man unterwegs Anschläge fürchtete, wurde er in der Verkleidung eines russischen Generals nach Elba geschafft. Hier traf er allerdings kein schlechtes Los, denn Napoleon galt keineswegs als einfacher Exilant oder gar als Feriengast. Nein, er herrschte nun über den Staat Elba mit immerhin 10.000 Einwohnern und einer 1.000 Mann starken Armee. Doch verglichen mit einem Machtverbund, der von Frankreich ausgehend einen enormen Teil Europas mit Spanien, Italien, den Alpenländern, Österreich-Ungarn, fast dem ganzen deutschsprachigen Raum und Teilen Polens bis hin zur russischen Grenze umfasst hatte, erschien das Eiland mit seinen 224 Quadratkilometern natürlich wie ein Witz. Die Demütigung saß tief.

Napoleon versuchte nichtsdestotrotz, das Beste aus seiner Situation zu machen. Er setzte umfassende Reformen in Gang, beflügelt vom Ziel, das hinterwäldlerische Inselchen zu modernisieren. Doch die Kleinkrämerei füllte den Kosmopoliten nicht dauerhaft aus. Mit Argusaugen beobachtete er die Entwicklung in Frankreich, und das Schicksal schien ihm wieder einmal wohlgesonnen. Denn mit seinem Nachfolger zeigten sich die Franzosen mehr als unzufrieden. Napoleon nutzte die Gunst der Stunde und die Macht seines Charismas. Seine Bewacher liefen zu ihm über, und mit wehenden Fahnen kehrte er schließlich nach Paris zurück. Nur rund zehn Monate währte sein Exil auf Elba.

Das schlichte toskanische Landhaus auf Elba, die Villa San Martino, dessen Erwerb ihm seine Lieblingsschwester Pauline durch einen großzügigen Kredit ermöglicht hatte, blieb verwaist zurück. Das Haus bei Portoferraio liegt oberhalb eines klassizistischen Palasts, in dem sich eine Kunstgalerie befindet. Diesen Palast ließ der russische Fürst Anatolio Demidoff, Ehemann der Nichte Napoleons, 1851 errichten, um dem ehemaligen Anwesen Napoleons einen würdigen Rahmen zu verschaffen und seine persönliche Sammlung von Erinnerungen an den Feldherrn zu beherbergen.

In der Villa San Martino selbst kann man heute die einstige Wohnstatt des berühmten Exilanten besichtigen, Eingangshalle, Empfangszimmer, verschiedene Arbeitszimmer, Konferenzraum und Schlafzimmer. Außerdem den Ägyptischen Saal, der zur Erinnerung an den Ägyptenfeldzug Napoleons eingerichtet wurde, auch wenn dieser Feldzug erfolglos und zudem mit an die 20.000 Toten äußerst verlustreich gewesen war. Ein herrlicher Blick über die Landschaft bis hin zur Bucht von Portoferraio rundet die Eindrücke aus der Villa San Martino ab.

Doch sollte sie eigentlich nur als Sommerhaus Napoleons dienen. Bei seiner Ankunft auf Elba quartierte man ihn zunächst in einer mittelmäßigen Absteige in Portoferraio ein. Hier herrschten Lärm und Schmutz vor, deshalb machte sich Napoleon umgehend persönlich auf die Suche nach einem angemessenen Domizil. Er fand es in der Palazzina dei Mulini, einer auf einer Klippe gelegenen Villa mit herrlichem Blick über das Meer bis hin zum toskanischen Festland in der Ferne. An diesem Platz befanden sich zuvor vier Windmühlen, »Mulini«, daher der Name des Hauses.

Als Napoleon auf Elba eintraf, stellte die Palazzina dei Mulini vielleicht das beste Gebäude von Portoferraio dar. Er ließ es modernisieren und baute einen Empfangsaal, ein Theater sowie eine Panoramaterrasse an. Mehr konnte er sich nicht leisten, denn seine finanziellen Mittel gingen zur Neige. Und dennoch konnte sich sehen lassen, was er in den wenigen Monaten zustande brachte. Er schätzte den Garten der Palazzina dei Mulini über alle Maße, zudem erwartete ihn seine inzwischen nachgereiste polnische Geliebte allzeit zum Tête-à-Tête in einer idyllischen Einsiedelei mit Blick auf seine Heimat Korsika. Napoleons Exilanten-Domizil erwies sich als gar nicht so übel.

Zumal das zehn Kilometer vor der toskanischen Küste liegende Elba mit seinen zauberhaften Buchten, weiß-goldenen Stränden und dem glasklaren Wasser des Tyrrhenischen Meeres ein überaus hübsches Fleckchen Erde ist. Das hat sich längst herumgesprochen, denn seit den Sechzigerjahren des letzten Jahrhunderts zieht es die Reisenden auf die Insel, die – so klein sie auch ist – doch immerhin Italiens drittgrößte ist. Ihre Küstenlinie umfasst stolze 147 Kilometer. Die Jahresdurchschnittstemperatur liegt bei angenehmen 16 Grad. Seit 1996 sind Teile Elbas als Nationalpark geschützt, um sicherzustellen, dass seine Schönheit erhalten bleibt. Doch auch die Bewohner legen großen Wert auf den Erhalt dieses Kleinods im toskanischen Archipel. Immobilienhaie haben hier kaum eine Chance, Bettenburgen gibt es nicht.

Schroffe Granitfelsen und üppiges mediterranes Grün zeichnen das pittoreske Bild der malerischen Insel. Eine leichte Brise umweht das sonnenverwöhnte Land, Wälder und uralte Bergdörfer ziehen sich an den Hängen empor. Elbas Landschaft ist unerwartet abwechslungsreich, das Leben wunderbar entspannt.

Wäre Napoleon doch besser auf der liebreizenden Insel geblieben und hätte sich mit seinem kleinen Reich begnügt. Denn seine erneute Herrschaft über Frankreich währte nur 100 Tage. Machtbesessen, wie er war, hob er erneut Truppen aus und marschierte gegen seine Gegner auf. Er verfolgte damit den Plan, diese wie in alten Zeiten nacheinander zu schlagen und mit geschickten Intrigen Keile zwischen die Verbündeten zu treiben. Doch in der entscheidenden Schlacht kamen die Preußen unter Marschall Blücher den britischen Truppen Wellingtons gerade noch rechtzeitig zu Hilfe. Beim Dörfchen Waterloo, damals niederländisch, heute belgisch, sank Napoleons Stern endgültig.

Und statt zurück auf das liebliche Elba schaffte man den Verlierer im Oktober 1815 nach St. Helena, einer völlig isolierten Vulkaninsel im Südatlantik, fast 2.000 Kilometer von der afrikanischen Küste entfernt. Hier gab es nichts mehr zu beherrschen. Auch seiner fortschreitenden Erkrankung vermochte er nicht Herr zu werden. Er starb fünfeinhalb Jahre später. Lange hieß es, er sei das Opfer einer allmählichen Vergiftung durch Arsen geworden. Obwohl man es vielleicht nie mit Sicherheit wird sagen können, legt die Forschung mittlerweile nahe, dass Napoleon an Magenkrebs starb. Ein Schicksal, vor dem ihn auch das schöne Elba nicht hätte bewahren können.

Marmellata di fichi – Feigenmarmelade

Zutaten:

2 kg reife Feigen
1 kg Zucker
150 ml Vin Santo (Dessert wein aus der Toskana)
Saft einer Zitrone
Zimt

Zubereitung:

Die Feigen waschen und in Stücke schneiden. Die Hälfte davon in einen Topf geben und mit dem Zucker vermischen. Wasser aufgießen, bis die Früchte bedeckt sind, dann aufkochen und 20 Minuten lang unter Rühren kochen lassen. Nun die restlichen Feigen, den Zitronensaft und den Vin Santo hinzugeben, mit etwas Zimt würzen und weitere 20 Minuten bei schwacher Hitze köcheln lassen.

Sofort in gut gereinigte Schraubdeckelgläser abfüllen, die Gläser verschließen und für 10 Minuten auf den Kopf stellen.

Maremmana, Maremmano – der Cowboy und der Auerochse

Die Toskana ist ganz schön groß. Das merkt man spätestens, wenn man aus dem Norden der Toskana zu einer Fahrt hinunter in ihre südlichen Gefilde aufbricht. Entscheidet man sich darüber hinaus nicht für die Küstenautobahn oder eine Schnellstraße, sondern wählt die Landstraße, kann man sich auf eine mehrstündige Reise gefasst machen. Eine Reise, die allerdings durch herrliche Landstriche führt.

So war es längst Mittag geworden, als wir endlich die Maremma erreichten, voll von Eindrücken und berückenden Bildern, aber auch erschöpft von der mehr als vierstündigen Fahrzeit. Der Weg hatte uns durch toskanische Traumlandschaften geführt, über Castelfiorentino, Certaldo und Colle di Val d'Elsa mitten durch die großen Naturschutzgebiete südwestlich von Siena, über Grosseto bis in den Naturpark der Maremma. Vielleicht lag es an der puren Erschöpfung, dass ich plötzlich auf einer Wiese neben der Straße eine Herde von Auerochsen ausmachte. Denn diese sind ja schon lange ausgestorben, das weiß doch jeder.

Wir hielten an, um die urgewaltigen, massigen Geschöpfe näher zu betrachten. Die Tiere erwiesen sich tatsächlich als riesig groß, ihr Widerrist erreichte die Höhe eines mittelgroßen Erwachsenen. Aus ihren dicken Schädeln ragten kräftige, bestimmt einen Meter lange Hörner, die gekrümmt nach oben wiesen. Manche Tiere wirkten fast schwarz mit weißem Aalstrich, die meisten anderen erschienen beinahe weiß. Nase und Oberlippe verschmolzen miteinander, was den Tieren einen ziemlich missgelaunten Gesichtsausdruck verlieh, mit dem sie unter ihren wilden Stirnlocken herauslugten. Ihre Rückenlinie sah aus, als sei sie nach unten durchgebogen, was aber daran lag, dass Schulter und Nacken extrem dicke Muskelpakete aufwiesen. Sie besaßen im wahrsten Sinne des Wortes Stiernacken. Wie gut, dass uns ein stabiler Holzzaun von den unheimlichen Rindviechern trennte.

Als wir gerade kopfschüttelnd zu unserem Auto zurückkehren wollten, um die Reise fortzusetzen, kam ein Reiter über die Wiese auf uns zu. Ein uriger Bursche mit Hut, Weste und langem Hirtenstab, der auf einem braunen Pferd saß. Seitlich am Sattel erspähte ich ein aufgerolltes Lasso. Verwundert rieb ich mir die Augen. Ein Cowboy hier mitten in Italien?

Als der Mann sein Pferd vor uns zum Stehen brachte, nutzte ich die Gelegenheit und sprach ihn auf die merkwürdigen Auerochsen an. Meine Unwissenheit schien ihn zu amüsieren und bereitwillig erklärte er mir, dass es sich um Rinder der Rasse Maremmana primitivo handle, keineswegs um Auerochsen. Die seien nämlich längst ausgestorben, aber das wisse ich ja sicherlich. Die Maremmanas hingegen – und sein Blick schweifte voller Stolz über die kleine Herde – seien die ursprünglichen Hausrinder der Maremma. Zugegebenermaßen hätten sie sich viele genetische Merkmale des Auerochsen bewahrt. So viele, dass die Maremmanas sogar von Wissenschaftlern dazu genutzt würden, um den Auerochsen zurückzuzüchten. Er schüttelte den Kopf. Offenkundig erschien ihm dieses Wissenschaftsprojekt genauso ehrgeizig wie überflüssig.

Unnötig, so fuhr er fort, denn die Maremmanas seien doch perfekt. Robust und genügsam kämen sie seit jeher mit dem kargen Sumpfland der Maremma gut zurecht, sie begnügten sich mit wilden Kräutern und Gräsern, was zur Folge habe, dass ihr Fleisch ausgesprochen köstlich sei. Ja, er verstieg sich sogar zu der Behauptung, es sei das beste überhaupt. Die Bullen seien dunkel – damit wies er auf ein schwarzes Exemplar, das gerade in diesem Moment bedrohlich zu uns herüberschaute – die Kühe hell. »Prächtige Tiere, nicht wahr?«

Ich nickte verlegen und lobte sein Pferd, um von meiner Unwissenheit abzulenken und ihm eine Freude zu machen. Er richtete sich im Sattel ein wenig auf und erklärte sichtlich stolz, dieses Pferd sei eines der besten Maremmapferde der ganzen Gegend. Mit ihm habe er schon mehrere Wettkämpfe gewonnen.

Der Mann entpuppte sich als Buttero, so heißen die berittenen Hirten der Maremma. Und die Butteri sind tatsächlich nichts anderes als die Cowboys der Maremma. Einer uralten Tradition folgend hüten sie ihre urtümlichen Rinder zu Pferde. Als die Maremma noch weitgehend aus Sumpfland bestand, zogen die Tiere frei durch das riesige Gebiet. Auch die Maremmapferde lebten in wilden Herden zusammen. Bis zum heutigen Tag ist es die Aufgabe der Butteri, diese Herden zu kontrollieren, zu zählen, zu treiben und einzelne Tiere herauszufangen. Einmal im Jahr müssen außerdem alle Kälber und Fohlen zusammengetrieben werden, um ihr Brandzeichen zu erhalten.

Tatsächlich sind die Butteri Meister ihres Fachs. Das bekam Buffalo Bill zu spüren, der mit der Europatour seiner Wild-West-Show 1890 auch in Italien vorbeikam. Er forderte die Butteri zum Wettkampf heraus – und unterlag. Allerdings hatte man es versäumt, die Regeln vorab klar zu definieren, deshalb behauptete Buffalo Bill, man habe ihn betrogen, entwendete das Preisgeld und sah zu, dass er Land gewann.

Die Butteri führen bei der Arbeit ihr Pferd mit nur einer Hand am Zügel, mit der anderen halten sie ihren Hirtenstab, der »uncino« genannt wird. Sie satteln ihr Pferd mit einer »bardella«, das ist ein einfacher Sattel, der ohne Baum auskommt, oder mit der bequemen »scafarda«, einem ehemaligen Militärsattel.

Bekleidet mit breitkrempigem Hut, weißem Hemd, Weste und langem Mantel sehen sie genauso aus wie die Burschen, die man aus amerikanischen Westernfilmen kennt. Nur dass ihr Alltag nichts mit Wild-West-Romantik zu tun hat. Es ist ein knochenharter Job, bei dem es nur wenig zu verdienen gibt. Deshalb unterhalten die Butteri während der Sommermonate die Touristen mit Rodeo-Veranstaltungen und Reiterspielen oder lassen sich für einen Tag bei ihrer Arbeit begleiten.

Die Maremmano-Pferde sind mittelgroß und kompakt, außerdem freundlich, ruhig, ausdauernd und ausgesprochen geländegängig. Kein Wetter ist ihnen zu ungemütlich, kein Weg zu lang. Diese Eigenschaften haben dazu geführt, dass die Maremmanos nicht nur für die Butteri unverzichtbare Begleiter sind, sondern mittlerweile von Wanderreitern in aller Welt geschätzt werden.

Ja, erklärte uns der Buttero weiter, hier in der Maremma verstehe man eben etwas von Tieren. Die Kultur seines Landes habe nicht nur die besten Rinder und die besten Pferde hervorgebracht, sondern auch die besten Hunde. Ich sah ihn zweifelnd an, verkniff mir aber eine kritische Bemerkung. Mein Zögern nahm er zum Anlass, um mit seiner Schilderung fortzufahren. Der weiße Maremma-Abruzzen-Schäferhund sei der mutigste und zugleich friedvollste Hund überhaupt. Seine Vorfahren hätten diese Hunde ursprünglich gezüchtet, um ihre Herden vor Wölfen und Bären zu schützen. Noch heute würden die Tiere ihre Aufgaben hervorragend meistern, auch wenn es – abgesehen von den Alpenregionen – keine Bären mehr in Italien gebe und die scheuen Wölfe längst keine große Gefahr mehr für die Herden seien. Niemand dürfe einer Herde zu nahe kommen, die von einem solchen Hund bewacht würde. Auch Wanderer sollten da auf der Hut sein.

Schon als Welpe prägt man die Hunde auf Tiere, die sie später zu beaufsichtigen haben, seien es Schafe, Rinder, Pferde oder sei es auch Geflügel. Das bewirkt, dass sie diese Schützlinge später als ihre Familie betrachten, sie können ihre Herde dann völlig selbständig behüten. Prägt man sie aber frühzeitig auf eine Menschenfamilie, so sind sie die freundlichsten und verlässlichsten Familienhunde, die man sich überhaupt vorstellen kann. Und natürlich sorgen sie dafür, dass nichts und niemand ihrer Familie etwas zuleide tut.

Nun ja, beendete er schließlich seinen Vortrag und warf einen wissenden Blick in den Laderaum unseres Autos, wo sich unser eigener Familienhund, ein Collie, befand. Wir hätten uns ja auch für einen Hütehund entschieden, sagte er. Eine gute Wahl. Wenn auch nicht ganz so gut, wie es die eines Maremma-Abruzzen-Schäferhundes gewesen wäre, natürlich.

Dann nickte er noch einmal freundlich, schwang seinen Hirtenstab und setzte damit die Herde in Bewegung. Willig schoben sich die Kolosse über die weite Wiese hügelaufwärts, getrieben vom Buttero auf seinem braunen Pferd. Wir blickten ihnen noch eine Weile hinterher, und es kam uns vor wie das Ende eines alten Westernfilms, wenn man den Lonesome Cowboy gen Horizont reiten sieht. Begleitet von melancholischer Musik entschwindet er dann einsam und allein in eine ungewisse Zukunft, immer dem Sonnenuntergang entgegen.

Pappardelle con scottiglia di cinghiale – Pappardelle mit Wildschweinragout

Zutaten für 4 Personen:

500 g Wildschweinfleisch
500 g Pappardelle (breite Bandnudeln)
2 Zwiebeln
3 Möhren
¼ Sellerie
3 Knoblauchzehen
300 ml passierte Tomaten
300 ml Rotwein
2 Lorbeerblätter
2 Rosmarinzweige
2 Thymianzweige
3 Salbeiblätter
½ Bd. Blattpetersilie
Olivenöl
Salz, Pfeffer

Zubereitung:

Das Fleisch waschen, trocken tupfen, putzen und in Würfel schneiden. Zwiebeln, Möhren und Sellerie schälen und würfeln, Knoblauch schälen und fein hacken.

In einem Topf Olivenöl erhitzen und das Fleisch kräftig anbraten. Wenn es gebräunt ist, Zwiebeln, Möhren, Sellerie und Knoblauch hinzugeben und kurz mit anbräunen lassen. Salzen, pfeffern und mit dem Rotwein ablöschen, anschließend die Tomaten unterrühren. Kurz aufkochen, danach die Hitze reduzieren. Lorbeer, Salbei, Thymian und Rosmarin hinzugeben, mit einem Deckel verschließen und 2 Stunden lang köcheln lassen, dabei gelegentlich umrühren. In der Zwischenzeit die Petersilienblättchen abzupfen und grob hacken.

Die Pappardelle gegen Ende der Garzeit des Ragouts in Salzwasser »al dente« kochen. Durch ein Sieb abgießen, zurück in den Topf geben, mit dem fertigen Ragout übergießen und es vorsichtig unterheben, dabei Lorbeerblätter, Salbei, Thymian und Rosmarin entfernen. Auf Tellern anrichten und mit der gehackten Petersilie überstreuen.

Die Magie der Königin – Besuch im Giardino dei Tarocchi

Den weiten Weg von Lucca bis in die Maremma nahmen wir auf uns, um den Giardino dei Tarocchi der französischen Künstlerin Niki de Saint Phalle bei Capalbio zu besuchen. Seit 1998 der Öffentlichkeit zugänglich, dümpelte der prachtvolle Fantasiegarten viele Jahre mehr oder weniger als Geheimtipp vor sich hin. Doch mittlerweile hat es sich herumgesprochen: Die als Schöpferin der üppigen, farbenfrohen Frauenfiguren namens »Nana« berühmt gewordene Malerin und Bildhauerin hat dem Süden der Toskana ein ganz besonderes Kleinod vermacht.

Den Kindern gegenüber vermied ich das Wort »Kunst« tunlichst. Das assoziieren sie nämlich gleich mit »Museum« und ermüdend langen Gängen voller alter Bilder und Statuen wie im Pariser Louvre. Ich sprach vielmehr von einem Skulpturenpark, das kennen sie vom niederländischen Kröller-Müller-Museum her, und das verbinden sie mit witzigen, skurrilen oder zumindest interessanten Dingen, die Menschen in die Natur gestellt haben. Zwar erwies sich der Tag als ausgesprochen heiß und sie wären eigentlich lieber in den Pool oder ans Meer gegangen, dennoch fügten sie sich einigermaßen willig in ihr Schicksal.

Der Eingang zum Giardino dei Tarocchi führt durch einen markanten Rundbogen, geschaffen vom Schweizer Architekturprofessor Mario Botta, auf einen staubigen Weg, der hinauf zum Kunstpark führt. Denn der liegt auf der Kuppe eines unscheinbaren Hügels, etwa vier Kilometer von der Küste entfernt. Schon wollten die Kinder damit beginnen, über die Hitze und den staubigen Anstieg zu klagen, da blieben sie abrupt stehen. Ehrfurchtsvoll weiteten sich ihre Augen. Denn unmittelbar eröffnete sich ein anderes Universum!

Direkt vor uns bot sich ein fantastisches Bild. Ein gigantischer, strahlend blauer Kopf, über dem sich ein weiterer silbrig gleißender Schädel erhob, beherrschte die bunte Szenerie, gerahmt von zahlreichen anderen bizarren Skulpturen. Aus dem Mund des blauen Riesenkopfs ergoss sich Wasser in einen Brunnen, in dessen Mitte ein Räderwerk unablässig seine Kreise drehte. Eine bunte Riesenschlange wand sich seitlich am Riesenhaupt entlang, hinter grünen Sträuchern erhob ein Fabelwesen seine Arme, starrte ein körperloses Gesicht hervor, ragte eine überdimensionale Nana mit Waage heraus. Da streckte ein Paradiesvogel seine Flügel in die Höhe, dort fletschte ein grüner Drache seine Zähne vor einer hoch aufragenden Prinzessin. Unvermittelt standen wir mitten im Giardino dei Tarocchi, dem Garten des Tarots! Nicht nur den Kindern verschlug es die Sprache.

Nachdem sich der erste Schreck gelegt hatte, begannen sie, die bunte Welt zu erkunden. Denn hier darf berührt werden, hier kann man herumklettern, ja, in manche Figuren kann man sogar hineingehen. Es ist Kunst zum Anfassen, Kunst zum Erleben.

In 22 teils gigantischen Skulpturen und zahllosen kleineren hat Niki de Saint Phalle die Figuren des klassischen Tarotspiels zum Leben erweckt. Sie sind bis zu 15 Meter hoch und bestehen aus handgeflochtenen Eisengittern, die mit Spritzbeton aufgefüllt und anschließend liebevoll mit bunten Keramikkacheln, Spiegelmosaiken und Glas bedeckt wurden.

Zwei Jahrzehnte lang arbeitete die Künstlerin zusammen mit ihrem Mann Jean Tinguely und zahlreichen örtlichen Künstlern an diesem Garten, mit dem sie sich einen Lebenstraum erfüllte. Denn seit sie den Fantasiegarten Park Güell von Antoni Gaudi in Barcelona sowie die revolutionären Anlagen von Pirro Ligorio und Giacomo Barozzi da Vignola gesehen hatte, beherrschte sie der Wunsch, ein ähnliches Werk zu erschaffen.

Während der Bauzeit lebte die Künstlerin zeitweise im Inneren der gewaltigen Kaiserin, der Sphinx, die mit ihren mächtigen Brüsten die Szenerie beherrscht. Die Innenwände der Wohnstätte sind komplett mit Spiegelmosaik belegt, was ihnen eine irritierend surreale Atmosphäre verschafft. Man fühlt sich, als befände man sich im Inneren eines futuristischen Raumschiffs.

Das blaue Riesengesicht, das uns am Eingang empfing, gehört der Hohepriesterin. Sie stellt die Hüterin weiblicher Macht dar, und das glaubt man gerne, wenn man in ihr bedrohlich starres Riesenantlitz blickt. Vor ihr im Brunnen dreht sich nichts Geringeres als das Rad des Schicksals, ständig neu mit Wasser aus dem Mund der Hohepriesterin befüllt. Denn was nach oben steigt, stürzt unweigerlich auch wieder hinab.

Der Magier ist es, der mit silbernem Haupt über der Hohepriesterin hervorschaut. Er symbolisiert den Weltenschöpfer und die Schaffenskraft. Seine Hand ist erhoben, als wolle er Einhalt gebieten, und genau das tut er auch.

Denn ganz in der Nähe des magischen Gartens ließ die italienische Regierung einst ein Atomkraftwerk errichten. Das erschütterte Niki de Saint Phalle tief, und so ließ sie ihren Magier die Hand zur Abwehr erheben. Mit Erfolg. Seit einem Referendum im Jahr 1987 ist ganz Italien atomkraftfreie Zone, und allen Bemühungen der wechselnden Regierungen zum Trotz ist es bis heute dabei geblieben.

Erklimmt man die Mauern der Figur des Kaisers, so sieht man das Kraftwerk, das nie in Betrieb genommen wurde, und das Meer in der Ferne. Hinter den Mauern der Kaiserfigur verbirgt sich ein zauberhafter Innenhof, gerahmt von herrlich geschmückten Säulen. Keine davon ist wie die andere, und in der Mitte liegt zwischen Olivenbäumen ein fröhlicher Nana-Brunnen. Hier wandelt man im angenehmen Schatten und kann sich nicht sattsehen an den kleinen Wundern, die diesen Hof so überreich erfüllen. Der Kaiser symbolisiert die männliche Macht im Guten wie im Schlechten, deshalb mischen sich hier Liebesherzen mit Totenschädeln.

Die hoch aufragende Prinzessin, die dem zähnefletschenden Drachen gegenübersteht, stellt die Starke dar. Ihre Aufgabe ist es, die eigenen Dämonen zu bezwingen und auf diesem Weg zu der ihr innewohnenden Kraft zu finden.

Der Tod kommt als goldene Frau auf einem sternengeschmückten blauen Pferd dahergeritten, denn er symbolisiert nicht Angst und Vernichtung, sondern das Geheimnis des Lebens, das sich stets erneuert und ohne Vergänglichkeit nicht existieren kann.

Der silberne Eremit steht ein wenig abseits und betrachtet die Anlage mit argwöhnischem Blick. Er wirkt etwas gespenstisch, wie ein Geist, auf dessen Körper sich die grüne Macchia widerspiegelt, die ihn umgibt. Doch geht man um ihn herum, so verflüchtigt sich der Schrecken, denn seine Seiten sind geöffnet. Dann schlüpft man kurzerhand hinein und mutiert – vielhundertfach gespiegelt – selbst zum Teil des Eremiten.

Zu entdecken gibt es noch die Mäßigkeit, die Auferstehung, den Gehängten, den Teufel, die Gerechtigkeit und den silbernen Turm von Babel, der mit abgebrochener Spitze den

Tarotgarten überragt, denn ein Blitz hat ihn zerstört. Natürlich nur symbolisch, Jean Tinguely hat ihn so erschaffen, um den Zusammenbruch komplexer geistiger Konstrukte zu symbolisieren. Denn geistige Barrieren müssen eingerissen werden, um den Horizont zu erweitern.

Schließlich gesellen sich noch Orakel, Narr und Mond zu den Figuren des Tarots, und ganz zum Schluss die Welt, in deren Inneren ihr Geheimnis verborgen liegt. Sie ist die letzte geistige Übung und die Antwort der großen Sphinx. Schauen Sie selbst dort nach, wenn Sie den Giardino besuchen!

Es ist eine esoterische Reise voller Geheimnisse, auf die Niki de Saint Phalle die Besucher ihres Tarotgartens entführt, verspielt, vergnügt und doch begleitet von spirituellem Ernst. Verzaubert haben wir den Garten am späten Nachmittag wieder verlassen. Doch seine Magie wird uns für immer begleiten.

Tortellini Maremmani – Teigtaschen aus der Maremma

Zutaten für 4 Personen:

500 g Mehl
5 ganze Eier
3 Eigelbe
300 g Ricotta
100 g geriebener Parmesankäse
1,5 kg frischer Spinat
6 Salbeiblätter
100 g Butter
Muskatnuss
Olivenöl
Salz, Pfeffer
Mehl für die Arbeitsplatte

Zubereitung:

Das Mehl in einer Schüssel mit den 5 Eiern und 1 Tl Salz vermischen und zu einem geschmeidigen Teig kneten. Nach Bedarf etwas Wasser hinzugeben. Anschließend den Teig mit einem Geschirrtuch abdecken und 20 Minuten lang ruhen lassen.

Den Spinat waschen, putzen und in ganz wenig siedendem Salzwasser 5 Minuten lang abkochen. Danach in ein Sieb gießen und abtropfen lassen, anschließend klein schneiden. Nach dem Abkühlen in einer Schüssel mit dem Ricotta, dem geriebenen Parmesan, den Eigelben, Salz, Pfeffer und Muskatnuss vermischen und beiseitestellen.

Den Teig nach der Ruhezeit noch einmal gut durchkneten und in zwei Teile trennen. Die eine Hälfte auf einer eingemehlten Arbeitsplatte dünn ausrollen und in Quadrate mit etwa 6 cm Seitenmaß schneiden. In die Mitte jedes Quadrats ein Häuflein der Spinatmasse setzen, bis alles verbraucht ist. Nun die andere Teighälfte ebenfalls ausrollen und in gleich große Quadrate schneiden. Den Teig an den Rändern mit Wasser benetzen und jeweils ein Teigquadrat auf eines mit Spinatmasse setzen, die Ränder gut zusammendrücken und zur Tasche schließen. Die Teigtaschen mit etwas Mehl bestäuben.

In einem großen Topf reichlich Salzwasser zum Sieden bringen. In der Zwischenzeit die Salbeiblätter waschen, trocken tupfen und in kleine Stücke schneiden. Die Butter in einem kleinen Topf zerlassen, die Salbeiblätter hineingeben, salzen und warm halten.

Die Tortellini in das siedende Salzwasser geben und bei mittlerer Hitze einige Minuten lang köcheln lassen. Wenn die Tortellini sich aufblähen, sind sie fertig und können mit einem Schaumlöffel herausgenommen werden. Gut abtropfen lassen und auf Tellern anrichten. Mit der Salbeibutter übergießen und servieren.

Enklave des Wohlstands – Monte Argentario

Nordwestlich von Rom lag einst eine kleine, fast runde Insel im Tyrrhenischen Meer. Sie bestand aus Bergen und schroffen Klippen, und nur ein kleiner Hafen erlaubte den Zugang zu dem abgeschiedenen Eiland. Zwischen dem Festland und dieser Insel gab es eine weitere, noch deutlich kleinere und ganz flache Insel. Auf dieser kleineren Insel befand sich schon seit etruskischer Zeit eine Siedlung, die sich mit der Zeit zu einem veritablen Seehafen entwickelte. Die mächtigen Steinquader, die den Hafen befestigten, waren noch von den Etruskern angefertigt worden, doch mehr wusste man nicht über sie. Was die Etrusker einstmals an diesem Ort getan hatten, bedeckte der dunkle Schleier der Vergangenheit, es geriet in Vergessenheit.

Nun gehörte der Hafen zum Römischen Reich, und die vorgelagerte runde Berginsel zählte zum römischen Staatseigentum. Es herrschten schwere Zeit für die Republik Rom, denn eine andere Großmacht des Mittelmeerraums machte ihr die Vorherrschaft streitig: Karthago. Unter ihrem streitbaren Feldherrn Hannibal lieferten die Nordafrikaner aus Karthago den Römern eine kriegerische Auseinandersetzung, den Zweiten Punischen Krieg, der von 218 bis 201 v. Chr. dauerte. Das kostete Rom einen Haufen Geld. Die Republik sah sich gezwungen, Kredite aufzunehmen, und als Kreditgeber fungierten die Domitii Athenobarbi, eine zu Geld gekommene

Plebejerfamilie. Sie zählten zu den »Argentarii«, das heißt im wörtlichen Sinne »Silber-« oder auch »Geldbesitzende« und bedeutete so viel wie »Darlehensgeber«, vielleicht ein bisschen an der Schwelle zum Kredithai.

Der lange und zähe Krieg machte es der Republik Rom schwer, das Geld termingerecht zurückzuzahlen, so einigte man sich schließlich auf eine Abfindung in Form von Landbesitz: Die kleine Berginsel ging an die Domitii Athenobarbi und fortan trug sie einen neuen Namen: Monte Argentario – Geldberg.

Die Jahre gingen dahin, das Römische Reich blühte auf und verwelkte wieder, und als das Mittelalter begann, schwand auch die Bedeutung des Monte Argentario dahin. Denn das gegenüberliegende Festland, die Maremma, begann zu versumpfen. Heftige Malariaplagen vertrieben die Bewohner, die Infrastruktur verfiel.

In diesen Jahrhunderten entwickelte sich allmählich eine weitere große Veränderung: Der Fluss Albegna brachte immer mehr Sedimente mit, und durch die Aufschwemmung von Sand und Schlamm wurde nicht nur das flache Hafeninselchen ein Teil des Festlands, auch zum Monte Argentario hin bildeten sich allmählich drei Landzungen, die eine Lagune umschlossen und die ehemalige Insel in eine Halbinsel verwandelten.

Als das Mittelalter sich zur Neuzeit hin neigte, begann die Wiederentdeckung dieses hübschen Vorgebirges. Es entstanden die beiden Hafenstädtchen Porto Santo Stefano und Porto Ercole, der antike Hafen auf dem vorgelagerten Inselchen, das nun zum Festland gehörte, wurde zum heutigen Orbetello. Schließlich verstärkte man die mittlere der Landzungen, die den Monte Argentario mit dem Festland verbinden, und baute darauf eine Straße.

Nach dem Zweiten Weltkrieg entdeckten zunächst die Bewohner von Rom den Monte Argentario als Naherholungsgebiet und Sommerfrische. Schließlich liegt die Halbinsel nur etwa 160 Kilometer von der Stadt entfernt. Im Rom der Fünfziger- und Sechzigerjahre entfaltete sich dann der Glamour, insbesondere durch die in jenen Jahren prosperierende Filmindustrie in Roms Cinecittà, die alle großen Hollywoodstars in die Metropole führte. An den malerischen Buchten des Monte Argentario entstanden Hotels und Restaurants, die schnell großen Anklang bei der Schickeria fanden, im Binnenland vermieteten Bauern Fremdenzimmer an die weniger betuchten Gäste. Über den zerklüfteten Küsten der Halbinsel sicherten sich Superreiche und Prominente die besten Grundstücke und ließen weiträumig umfriedete Luxusresidenzen in fantastischer Panoramalage errichten.

Von diesen Residenzen aus fahren sie noch heute mit ihren schnittigen Cabrios zu einer Spazierfahrt hinaus auf die Panoramastraße, die den Monte Argentario umrundet. Um die Halbinsel darauf ganz zu umfahren, braucht man allerdings ein Geländefahrzeug, denn ein Teilstück der Straße ist nicht asphaltiert. Unter Steineichen und durch blühende Macchia hindurch fährt man auf dieser Route hoch auf den Klippen entlang und erlebt atemberaubende Ausblicke über Kaps, Felsen und Buchten. Man erspäht die vorgelagerten Inselchen und die alten Wachtürme im Binnenland, von denen aus einst vor den Angriffen der Sarazenen gewarnt wurde. Der Blick schweift über die Nachbarinsel Giglio, die durch die Havarie des Kreuzfahrtschiffs Costa Concordia zu traurigem Ruhm gelangte, bei klarer Sicht sogar bis nach Elba im Norden und Montecristo weit draußen im Westen des toskanischen Archipels. Und all dies ist gerahmt vom strahlenden Azurblau des Tyrrhenischen Meeres.

Der Massentourismus konnte auf dem Monte Argentario nicht Fuß fassen. Zum einen legten Umweltschützer schon früh großen Wert auf den Erhalt der Ursprünglichkeit der Halbinsel. Die südliche Landzunge steht unter Naturschutz durch den WWF, unter hohen Pinien und zwischen üppiger Macchia hat sich hier ein Refugium für Dam- und Schwarzwild erhalten. Im Landesinneren des Monte Argentario sind weite Flächen völlig naturbelassen, und die kleinen Sandbuchten tief unterhalb der Steilküste sind oftmals so extrem schwer zugänglich, dass ihr Zauber unberührt bleibt.

Zum anderen hat die frühe Entdeckung der Halbinsel durch die schwerreiche Klientel dafür gesorgt, dass auf dem Monte Argentario ein exklusives Preisniveau herrscht. Und deshalb macht der »Geldberg« seinem Namen bis zum heutigen Tag noch immer alle Ehre.

Piatto di gamberetti – Garnelentöpfchen

Zutaten für 4 Personen:

20 Garnelen (küchenfertig mit Schale, aber ohne Kopf)
8 Tomaten
300 g weiße Bohnen aus der Dose (abgetropft)
6 Lauchzwiebeln
1 Bund Basilikum
4 Knoblauchzehen
2 rote Chilischoten
Saft von 1 Zitrone
250 ml Gemüsebrühe
Olivenöl
Salz, Pfeffer

Zubereitung:

Die Garnelen waschen und trocken tupfen. Die Tomaten häuten und würfeln, die Lauchzwiebeln waschen, putzen und in Röllchen schneiden. Die Knoblauchzehen fein hacken, die Chilischoten entkernen und ebenfalls hacken. Die Basilikumblättchen abzupfen und waschen, danach hacken, ein paar Blättchen aber zum Dekorieren übriglassen.

In einem Topf Olivenöl erhitzen und die Garnelen zusammen mit dem Knoblauch darin kurz anbraten. Mit Salz, Pfeffer und dem Zitronensaft würzen. Anschließend die Garnelen herausnehmen und beiseitestellen.

Nun die Lauchzwiebeln sowie die Chilischoten zum Knoblauch in die Pfanne geben und scharf anbraten. Mit der Gemüsebrühe ablöschen und die Tomaten hinzugeben. Aufkochen, danach die Hitze reduzieren und abgedeckt 20 Minuten lang köcheln lassen. Dann das Basilikum, die Bohnen und die Garnelen dazugeben, unterheben, mit Salz und Pfeffer abschmecken und das Ganze noch einmal 5 Minuten ziehen lassen.

Auf Tellern anrichten, mit den Basilikumblättchen dekorieren und mit frischem Ciabattabrot servieren.

Von Zigarren, Ziegen und Piraten – der Schatz von Montecristo

Wenn sich am Morgen hinter den Arbeitern der Zigarrenfabrik auf Kuba die Tore schließen, gelingt es diesen kaum, die flirrende Hitze fernzuhalten, die draußen auf der Karibikinsel herrscht. In der dampfigen Halle nehmen die Zigarrendreher, die Torcedores, auf ihren Holzbänken Platz und beginnen mit ihrem Tageswerk. Mit geschickten Händen rollen diese Männer und Frauen Tabakblätter zu großformatigen Zigarren. Was die Torcedores hier produzieren, gehört zum Besten, was die Welt der Zigarrenkultur zu bieten hat, denn die Zigarrenroller der kubanischen Fabrik sind absolute Profis und unangefochtene Meister ihres Fachs.

Doch die Arbeit ist eintönig und die schwüle Hitze lastet auf den Gemütern. Jeder ist leistungsfähiger, wenn er gute Laune hat, doch nichts ist der Stimmung abträglicher als dumpfe Monotonie. Abwechslung muss her, stellten Kubas Zigarrenproduzenten schon vor langer Zeit fest, und so wurde es zur Sitte, dass im täglichen Wechsel einer der Torcedores die Arbeit ruhen lässt und den anderen aus einem Roman vorliest. Und die Torcedores dieser Zigarrenfabrik haben ein unangefochtenes Lieblingsbuch, das sie sich wieder und wieder vortragen lassen. So oft, dass der Titel des Buchs schließlich zum Namen für ihre erstklassigen Zigarren avancierte: Montecristo.

»Der Graf von Monte Christo« erschien 1844 als Fortsetzungsroman in einer französischen Zeitschrift. Mit enormem Erfolg, zumal der Schöpfer der verwickelten Geschichte um Unrecht und Vergeltung als Star der Literaturszene galt: Alexandre Dumas. Seine Abenteuerromane »Die drei Musketiere« und »Der Mann mit der eisernen Maske«, beide um die gleiche Zeit herum erschienen, genossen bereits Bestsellerstatus.

Im »Graf von Monte Christo« erzählt Dumas die zu Zeiten Napoleons spielende Geschichte des jungen Dantè, der aus den Höhen eines erfolgreichen Lebens aufgrund von Intrigen unvermittelt in die tiefsten Abgründe stürzt und sich unschuldig in Kerkerhaft wiederfindet. 14 lange Jahre verbringt er auf einer schauerlichen Gefängnisinsel vor Marseille, bis ihm die Flucht gelingt und er dank eines Schatzes, dessen Versteck ihm ein sterbender Mitgefangener anvertraut hat, zu ungeheuerem Reichtum kommt. Diese finanziellen Mittel ermöglichen ihm einen umfassenden Rachefeldzug gegen die Ränkeschmiede, die ihn einst ins Unglück stürzten. Und sie ermöglichen Dantè eine neue Identität, er nennt sich fortan »Graf von Monte Christo«. Das ist eine Hommage an den Ort, an dem der glücksbringende Schatz verborgen gelegen hatte: die Insel Montecristo.

Montecristo gehört zum toskanischen Archipel und liegt in einer Reihe von mehreren kleinen Inseln, die sich wie ein Halbkreis zwischen Livorno im Norden und dem Monte Argentario im Süden um die Insel Elba gruppieren. Montecristo ist nur vier Kilometer lang und dreieinhalb Kilometer breit, das ergibt eine Grundfläche von gerade mal etwas mehr als zehn Quadratkilometern.

Die Insel liegt weit draußen im Tyrrhenischen Meer, im Westen der Insel Giglio. Doch Giglio ist immerhin 43 Kilometer von Montecristo entfernt. Und den Hafen von Giglio trennen noch einmal fast 24 Kilometer von Porto Santo Stefano, dem Montecristo nächstgelegenen Festlandshafen auf der Halbinsel Monte Argentario. Montecristo ist also ziemlich weit abgelegen, es liegt so ziemlich genau auf halbem Weg zwischen Italien und Korsika.

Was soll man da, auf solch einer winzigen Felseninsel mitten im Meer? Nichts. Und deshalb ist Montecristo auch unbewohnt und menschenleer.

Aber das stimmt nicht so ganz. Bei genauerer Betrachtung entdeckt man eine Wildhüterstation, in der ein Wildhüterehepaar lebt. Montecristo hat deshalb eine offizielle Einwohnerzahl von zwei Personen. Die beiden wachen darüber, dass das auch so bleibt, denn seit 1970 ist Montecristo Naturschutzgebiet und darf nur mit Sondergenehmigung betreten werden. Man kann diese Genehmigung als Wissenschaftler oder auch als Tourist beantragen, muss aber mit einer Wartezeit von drei Jahren rechnen. Die jährliche Besucherzahl ist nämlich strikt auf maximal 1.000 Personen begrenzt.

Das Wildhüterehepaar wird bei seiner Aufgabe von Forstbeamten im Schichtdienst unterstützt. Bewaffnet mit Ferngläsern wachen diese über die kleine Insel und patrouillieren mit Booten entlang der Küsten. Wer sich näher als einen Kilometer heranwagt, muss mit einer Anzeige und einer drakonischen Geldstrafe rechnen.

Aber was schützen sie dort eigentlich so streng? Schon in etruskischer Zeit fielen die Steineichenwälder Montecristos dem Schiffbau zum Opfer und hinterließen eine verkarstende Landschaft. Im Jahr 455 floh dann der Bischof von Palermo vor den Vandalen auf die verwaiste Insel, wo er der Legende nach einen Drachen erlegte. Bewegt von dieser alten Geschichte gründeten später ein paar Mönche ein Kloster auf dem Eiland, was diesem zu seinem Namen verhalf und sich zu einer spirituellen Hochburg entwickeln sollte. Dank großzügiger Spenden gelangte das Kloster im Lauf der Jahrhunderte zu fantastischem Reichtum. Mag sein, dass dieses immense Vermögen Alexandre Dumas zu jenem Schatz aus seiner Abenteuergeschichte inspiriert hat.

Doch große Besitztümer wecken Begehrlichkeiten, und so kamen eines Tages Piraten, überfielen das Kloster und brannten es nieder. Weitere Freibeuter folgten und hinterließen nur Trümmer. Die Mönche verschwanden von Montecristo, und auch die Piraten hielt es nicht lange auf dem unwirtlichen Fleckchen Erde. Zurück blieben nur die Ziegen der Mönche. Sie verwilderten und wurden zu den Montecristo-Ziegen, die aufgrund ihrer jahrhundertelangen genetischen Isolation jetzt für die Wissenschaft von enormem Interesse sind.

Die wilden Ziegen sorgen aber auch dafür, dass es auf Montecristo kaum Vegetation gibt. Mit einer Ausnahme: Im 19. Jahrhundert kaufte ein wohlhabender englischer Politiker und Kunstsammler die Insel und erbaute dort eine Villa. Auch ließ der Exzentriker einen üppigen Garten anlegen, der mit zahlreichen exotischen Pflanzen wie Eukalyptus und dem chinesischen Götterbaum geschmückt wurde.

Doch dann havarierte ein Schiff vor der Insel. Dessen Passagiere – ehemalige italienische Exilanten bei der Heimkehr aus London – plünderten die Villa und richteten signifikante Schäden an. Die italienische Regierung sah sich mit Schadensersatzforderungen des britischen Inselherrn konfrontiert und erachtete es als günstiger, ihm gleich die ganze Insel wieder abzukaufen. Was von ihm blieb, ist der chinesische Götterbaum. Den nämlich verschmähen die wilden Ziegen, sodass er sich wie eine Epidemie über die ganze Insel ausbreiten konnte.

Beträchtlich vermehrt haben sich auch die schwarzen Ratten, die schon seit der Zeit der alten Römer auf Montecristo leben. Seit dem Jahr 2011 haben sie sich sogar zu einer ernsthaften Plage entwickelt, weil sie mittlerweile eine erhebliche Gefahr für Montecristos Vogelwelt darstellen. Aufgrund der Unwegsamkeit des Terrains bekämpft man die Ratten mit Giftkügelchen, die aus der Luft abgeworfen werden.

Und auch gegen die ständig wachsende Zahl der chinesischen Götterbäume versucht man inzwischen anzugehen. Denn sie gefährden die beachtlichen Teppiche aus mediterraner Heide, wildem Rosmarin und prächtig blühenden Zistrosen. Daneben existieren auch noch einige Nachfahren von Steineichen, die die radikale Rodung in etruskischer Zeit überlebt haben. Auf den mehr als 600 Meter emporragenden Höhen der Insel stehen über 1.000 Jahre alte Exemplare. Außerdem gibt es auf Montecristo eine ausgefallene Vipernart, eine besondere Eidechsenart sowie den Sardischen Scheibenzüngler, einen äußerst selten vorkommenden Froschlurch.

In erster Linie dient die Insel aber als Refugium für Seevögel, die hier in großen Kolonien nisten. Und für sie ist das menschenleere Montecristo mit Sicherheit ein Schatz von eminentem Wert.

Capra al Rosmarino – Ziege mit Rosmarin

Zutaten für vier Personen:

1 kg Ziegenfleisch (falls nicht erhältlich, ersatzweise Lammfleisch)
1 l Rotwein
2 Zwiebeln
500 g Tomaten
6 Knoblauchzehen
¼ Sellerieknolle
4 Möhren
2 Porreestangen
2 Chilischoten
4 Salbeiblätter
2 Lorbeerblätter
5 Zweige Rosmarin
Olivenöl
Salz, Pfeffer

Zubereitung:

Fleisch in Stücke schneiden, Knoblauchzehen häuten und vierteln. Porree, Möhren und Sellerie putzen und in Stücke schneiden, Chilischoten entkernen und achteln. Das Fleisch mit Rotwein übergießen, Knoblauch, Porree, Möhren, Sellerie, Chili, Salbei, Lorbeer sowie Rosmarin hinzugeben. Pfeffern, durchmischen und 24 Stunden marinieren lassen.

Am Zubereitungstag die Zwiebeln schälen und würfeln. Etwas Olivenöl erhitzen. Die Zwiebeln braun andünsten. Das Fleisch aus der Marinade nehmen, abtropfen, zu den Zwiebeln geben und kräftig anbraten. Gemüse und Kräuter aus der Marinade nehmen und beiseitestellen. Das Fleisch mit der Marinade ablöschen, aufkochen, pfeffern und salzen. Bei schwacher Hitze im geöffneten Topf 1 ½ Stunden köcheln lassen, gelegentlich umrühren. Nun das Gemüse und die Kräuter zum Fleisch geben und mitkochen lassen. Die Tomaten in Würfel schneiden, hinzugeben und kurz aufkochen. Den Topf verschließen und das Ganze 40 Minuten weiterköcheln lassen, bis das Fleisch weich und der Bratfond dickflüssig ist.

Wahlweise mit Rosmarinkartoffeln, Polenta, Bandnudeln oder Weißbrot servieren.

Dichter, Philosoph und Aktivist – Dante Alighieri

Dantè hieß der Held im Roman von Alexandre Dumas, bis er zum Grafen von Monte Christo aufstieg. Damit trug er den gleichen Namen wie einer der bedeutendsten europäischen Literaten, ein Mann, dessen Wirken bis auf den heutigen Tag Italien auf beachtliche Weise prägt. Denn so wie Martin Luther mit seiner Übersetzung der Bibel ins Deutsche einen wesentlichen Beitrag zur Entwicklung der noch heute geltenden deutschen Schriftsprache geleistet hat, so hat dieser Dichter das Italienische zur Literatursprache erhoben und mit seinem Schaffen das heutige politische und kulturelle Selbstverständnis der italienischen Nation überhaupt erst ermöglicht: Dante Alighieri.

Man weiß erstaunlich wenig über sein Leben. Alle spärlichen Informationen hat man sich im Wesentlichen aus Dantes eigenen Schriften zusammengeklaubt. Denn es gibt nur sehr bescheidene zeitgenössische Quellen, die etwas über ihn verraten. Als Dante 1265 das Licht der Welt erblickte, verharrte Europa noch im Mittelalter. Das bedeutete nicht nur, dass es keine gewissenhafte Dokumentation des Zeitgeschehens gab, es herrschte auch ein völlig anderes Weltbild, als wir es heute kennen.

Im Wesentlichen galt das irdische Dasein als leidgeplagte Übergangsphase zum eigentlichen Ziel des Menschen, nämlich dem ewigen Leben im Jenseits. Es hieß, gottesfürchtig, fleißig und duldsam die Zeit im Diesseits über sich ergehen zu lassen, um nach dem Tod endlich die Früchte des himmlischen Lohns zu ernten. Oder auch nicht, je nach Lebensführung. Denn nach dem Jüngsten Tag wartete nicht nur das Paradies mit all seinen Verheißungen, es drohte auch das ewige Fegefeuer mit grauenhaften Qualen für alle, die sich während ihres irdischen Lebens nicht anständig benommen hatten. Wobei die Definition dessen, was als »anständig« betrachtet werden konnte, zumeist im Ermessen der Mächtigen lag, vor allem natürlich im Gutdünken der Kirchenfürsten.

So kommt es, dass man zwar ungefähr weiß, wann der kleine Dante in Florenz geboren wurde, ein genaues Datum aber nicht überliefert ist. Man hat seine ungefähre Geburtszeit anhand Dantes eigenen Angaben im Buch »Commedia« ermittelt und kommt so auf das Sternzeichen der Zwillinge im Jahr 1265, also einen Zeitraum zwischen Mitte Mai und Mitte Juni. Das kann aber keineswegs als gesicherte Datierung gelten.

Seine Eltern ließen ihren Sprössling auf den lateinischen Namen »Durante« taufen, das heißt so viel wie »fortdauernd« und gibt wiederum einen Hinweis auf die mittelalterliche Vorstellung vom irdischen Dasein als Übergangsphase. Im Alltagsgebrauch erwies sich der Name allerdings als zu sperrig, und so wurde das schlichte »Dante« daraus.

Dante entstammte einem alten Adelsgeschlecht, das seinen gehobenen Gesellschaftsstand wohl der Teilnahme an einem Kreuzzug verdankte. Doch das lag lange Zeit zurück, Dantes Vater verdingte sich als Geldverleiher. Genaues weiß man allerdings nicht, denn Dante übergeht die Eltern in seinen Schriften mit Schweigen. Genauso wenig verrät er über seine Ehefrau und seine vier Kinder. Die Einzige, die er geradezu überschwänglich schildert, ist Beatrice.

Jener Beatrice begegnet er im Alter von neun Jahren, und fortan ist sie seine Muse. Ganz in der Tradition provenzalischer Troubadoure stellt sie die angebetete Geliebte dar, die doch im wirklichen Leben stets unerreichbar bleibt. Beatrice muss einen frühen Tod erleiden, schon im Alter von Mitte 20 scheidet sie dahin. Aber wie so vieles im Leben von Dante ist bis heute ungewiss, wer diese Beatrice eigentlich gewesen sein mag, ja, ob sie überhaupt existiert hat oder nur eine literarische Fiktion des Meister darstellte.

Dante Alighieri verfügte über eine umfassende Bildung, sein Wissen muss geradezu phänomenal gewesen sein. Wo er es sich aneignen konnte, ist unbekannt. Doch lässt sein Werk Rückschlüsse dahingehend zu, dass er schon früh in Kontakt zu anderen Dichtern und Gelehrten stand. Vermutlich hat er auch eine Universität besucht, Beweise dafür existieren aber nicht. Seine gewichtigen Kenntnisse von Wissenschaften, Theologie und Philosophie fließen jedenfalls souverän in seine Schriften ein.

Innovativ am Werk des Dante Alighieri ist einerseits, dass er sich der italienischen Sprache bediente und keineswegs, wie seinerzeit üblich, des Lateinischen. Darüber hinaus aber stellte er sich selbst in den Mittelpunkt seiner Dichtung, und zwar als ganz normalen Menschen mit all seinen Gefühlen, seiner Verwirrtheit, seiner Verunsicherung und seiner persönlichen Entwicklung. Das bedeutete eine schriftstellerische Revolution, denn das Ich als solches spielte im mittelalterlichen Weltbild bisher keine Rolle. Galt doch das Individuum als zu unwichtig angesichts des großen göttlichen Plans.

Ausgehend vom zweifelnden, irrenden und lernenden Ich betrachtet Dante die Welt auf philosophische Weise und beschreibt dessen Weg hin zur ethischen Läuterung und zur Harmonie mit der göttlichen Weltordnung. Sein berühmtes

Werk ist die »Commedia«, die Schilderung einer Reise durch Hölle, Läuterungsberg und Paradies. Erst der knapp 50 Jahre später geborene Dichter Giovanni Boccaccio, ein glühender Verehrer Dantes, gab dem Buch den Namen, unter dem es noch heute berühmt ist: »Die Göttliche Komödie«. Dieser Text gilt als Meilenstein der Scholastik, der Erforschung wissenschaftlicher Fragen mittels systematischer Beweisführung aufgrund theoretischer Erwägungen. Die Göttliche Komödie mit ihrer opulenten, bildreichen Sprache, ihrem so dramatischen, metaphorischen wie plausiblen Inhalt geriet zu einem Riesenerfolg und verhalf Dante zu erheblichem Ruhm. Noch heute gilt sie als eines der Hauptwerke der Weltliteratur.

Doch in Dantes Leben verlief keineswegs alles glatt und getragen von den Schwingen des Erfolgs. Im ausgehenden Mittelalter ging es in Florenz politisch äußerst turbulent zu. Es gab zwei grundverschiedene politische Lager, die in heftigem Streit miteinander lagen. Die einen unterstützten die weltliche Macht des Kaisers, die anderen formierten sich auf Seiten des Papstes und spalteten sich ihrerseits noch einmal in unterschiedliche Strömungen.

Auch Dante engagierte sich schon früh in der Politik seiner Heimatstadt und wurde schließlich Mitglied des Rates. Er stand zwar auf Seiten der Papstfraktion, doch im Zuge der allgemeinen Unruhen jener Zeit kam es intern zu heftigen Unstimmigkeiten. Einige der Papsttreuen wurden aus der Stadt gewiesen, und Dante unterstützte diesen Bannspruch. Allerdings erregte die Maßnahme das Missfallen des Papstes. Florenz fiel unter einen Kirchenbann, und als papstreue Truppen die Stadt einnahmen, zerstörten diese nicht nur Dantes Haus, er selbst musste die Heimatstadt unter Androhung der Todesstrafe verlassen. Seine Güter wurden konfisziert. Und so verbrachte der begnadete Dichter ab 1302 sein restliches

Leben im Exil. Seine Spuren sind verwischt, doch lassen seine Werke auf einige der Stationen schließen, darunter Verona, Treviso, die Lunigiana im Nordwesten der Toskana, Venedig und Ravenna, wo er schließlich 1321 starb. Seinen größten Ruhm erlangte er erst während der Zeit des Exils, denn die Göttliche Komödie verfasste er in jenen Jahren.

Zwar gab es irgendwann ein Angebot der Stadt Florenz, die die Rückkehr ihres zu Ruhm gelangten Sohnes inzwischen ganz gerne gesehen hätte. Doch schlug Dante dies aus, weil er die Bedingungen als demütigend empfand. Hätte er doch eine Geldstrafe zahlen und öffentlich Abbitte leisten müssen, um zurückkehren zu dürfen. Verärgert über die Ablehnung erneuerten die Florentiner Regenten Dantes Verurteilung daraufhin noch einmal. Er sollte seine Heimat nie wiedersehen.

Dante wurde in Ravenna bestattet, und alle Bemühungen der Stadt Florenz, ihn zumindest posthum zurückzuholen und in der Stadt beizusetzen, schlugen fehl. So gibt es denn heute in der Florentiner Basilika Santa Croce zwar ein Grab des Dichterfürsten, doch ist dieses leer.

Man kann in Florenz auch die »Casa di Dante« besuchen. Aber es passt zum nebulösen Gesamtbild, dass es sich dabei keineswegs um das Geburtshaus des Dichterfürsten handelt. Das Haus befindet sich lediglich ungefähr an der gleichen Stelle. Sein Geburtshaus selbst existiert nicht mehr, es fiel den politischen Unruhen seiner Zeit zum Opfer. Erhalten blieben jedoch seine Dichtungen und vor allem die sprachlichen, philosophischen und politischen Veränderungen, die sie nach sich zogen.

Cantuccini – ein Mandelgebäck aus der Toskana

Zutaten:

180 g gehäutete Mandeln
250 g Mehl
200 g Zucker
2 Eier
1 Tl Backpulver
1 Vanilleschote
5 Tropfen Bittermandelöl
½ Tl Salz
30 g Butter (zimmerwarm)
Mehl für die Arbeitsfläche

Zubereitung:

Auf einer Arbeitsfläche Mehl und Zucker aufhäufen. In die Mitte eine Kuhle drücken und Backpulver, das ausgekratzte Innere der Vanilleschote, Salz, Eier, Bittermandelöl und Butter hineingeben. Nun alle Zutaten miteinander zu einem klebrigen Teig verkneten. Die Mandeln hinzugeben und untermengen. Den Teig zu einer Kugel formen, in Frischhaltefolie wickeln und 2 Stunden im Kühlschrank ruhen lassen.

Danach den Teig in 8 Teile aufteilen und aus jedem Teil auf der eingemehlten Arbeitsfläche eine ca. 20 cm lange Wurst rollen. Die Würste in ausreichendem Abstand zueinander auf ein mit Backpapier ausgelegtes Backblech legen.

Den Backofen auf 200°C vorheizen und die Teigwürste darin 15 Minuten backen. Herausnehmen, etwas abkühlen lassen und schräg in ca. 1 cm dicke Scheiben schneiden. Die einzelnen Cantuccini abtrennen und mit einer der Schnittflächen nach unten auf ein mit Backpapier ausgelegtes Backblech legen. Noch einmal 10 Minuten bei 200°C backen, bis sie goldbraun sind. Auf einem Rost auskühlen lassen, danach in einer gut verschließbaren Blechdose aufbewahren.

Besonders lecker schmecken die Cantuccini, wenn man sie kurz in Vin Santo eintaucht, den toskanischen Dessertwein.

Saturnia – wie ein wütender Gott die Wellness erfand

Vorzeiten lebten die Menschen der Toskana in wilden Stämmen zusammen, die in ständigem Streit, Zank und Hader, ja sogar in blutigen Kriegen miteinander lagen. Ihre sinnlose Brutalität brachte den Gott Saturn wirklich auf, und so schleuderte er in seiner Wut einen Blitz hinab zur Erde, um die Streithähne endlich zur Raison zu bringen. Der Blitz traf in einen Vulkankrater, der sogleich zu brodeln begann und einen Fluss warmen, schwefligen Wassers hinab ins Tal ergoss. Erstaunt hielten die Kämpfenden inne und alsbald labten sie sich an der wohligen Wärme des Wassers. Mit diesem Geschehnis sollte das goldene Zeitalter des Saturn seinen Anfang nehmen. Statt Kriege zu führen, widmeten sich die Menschen fortan der Landwirtschaft und der Liebe, es begann eine von Frieden, Schaffenskraft und Schönheit geprägte Ära. Das Herz dieses mystischen Reichs aber schlug in Saturnia, der ersten Stadt des Gottes Saturn auf dem italienischen Stiefel. Denn hier floss weiterhin unermüdlich das erquickend warme Wasser, welches der göttliche Blitzstrahl einst hervorgebracht hatte.

Doch von dieser goldenen Stadt des Gottes Saturn ist nicht wirklich viel geblieben. Saturnia, ein auf einem Travertinfelsen gelegenes Dorf im Herzen der Maremma, zählt nur ganze 280 Einwohner. Und trotzdem ist es ein besonderes Fleckchen. Es gilt nicht nur als die erste etruskische Stadt Italiens. Denn lange, bevor das geheimnisvolle Volk der Etrusker um 1000 v. Chr. in der heutigen Toskana in Erscheinung trat, besiedelten schon die Menschen der eisenzeitlichen Villanovakultur Saturnia. Nur wenig ist über diese Kultur bekannt. Im Wesentlichen fand man bloß reichverzierte Urnen auf großen Gräberfeldern, die Zeugen eines ausgeprägten Totenkults.

Gewiss ist lediglich, dass Saturnia eine uralte Siedlung ist. Und der Grund für die Attraktivität dieses Ortes lässt sich unschwer entdecken. Denn hier, wo die Flüsse Albegna und Stellata zusammenfließen, ergießt sich noch immer mit gleichbleibender Wohlfühltemperatur von 37,5° Celsius eine Thermalquelle in die Terrassen eines natürlichen Sinterbeckens. 500 Liter sprudeln pro Sekunde aus der Erde hervor und sorgen für den beständigen Austausch des Wassers. Es ist reich an Mineralien und vor allem schwefelhaltig, sodass es schon früh als Heilquelle entdeckt wurde. Mag sein, dass schon die Villanova-Menschen und die Etrusker dieses wohltuende Nass zu nutzen wussten. Auf jeden Fall kurten die Römer der Antike in Saturnia, sie nutzten die antiseptische und reinigende Kraft des Wassers, seine positive Wirkung auf das Herz-Kreislaufsystem, die Verdauungsorgane und die Atemwege. Außerdem die entspannenden Effekte für Muskeln und Nerven, die Heilkraft bei Hautproblemen wie Akne, Mykosen oder Dermatitis sowie bei rheumatischen und allen anderen Gelenkerkrankungen.

Die Reste des römischen Thermalbades kann man noch heute in Saturnia bestaunen. Doch mit dem Mittelalter kam das Aus für den noblen Kurort. Denn die Kirche witterte in der Thermalkultur nichts als eine üble Wurzel von Unmoral und Sittenverfall. Die öffentlichen Bäder wurden zerstört, das Baden in den Sinterbecken bei Strafe verboten. Erst mit Beginn der Neuzeit entdeckten lokale Feudalherren die Nutzung der

Quellen von Saturnia wieder. Und seit dem 18. Jahrhundert entwickelte sich ein regelrechter Boom, es entstand ein vielbesuchter Badekomplex, zu dem sich im 20. Jahrhundert noch ein Luxushotel gesellte. Das Baden in den natürlichen Sinterbecken ist aber nach wie vor kostenlos.

Aber woher kommt das wundersame Wasser von Saturnia? Es entstammt tatsächlich einem Vulkan, dem Monte Amiata. Dieser mächtige Berg erhebt sich 1.738 Meter hoch im Süden der Toskana, ein imposanter Koloss, dessen aktive Zeit aber schon sehr lange zurückliegt. Seit 180.000 Jahren schweigt der Monte Amiata und präsentiert sich beschaulich umrahmt von üppigen Wäldern aus Kastanien, Buchen, Fichten und Eichen. Hier findet sich ein Refugium für Adler, Falken, Geier und Wölfe. Es ist aber auch ein Paradies für Wanderer und eine attraktive Destination für Skifahrer, denn an den Hängen bleibt der Schnee bis weit ins Frühjahr hinein liegen.

Der Monte Amiata mag zwar friedlich geworden sein, doch so ganz hat er seine Berufung als Vulkan doch noch nicht aufgegeben. Heiße Quellen und Geysire zeugen von seinem Potenzial, was sich die moderne Stromwirtschaft mithilfe eines geothermischen Elektrizitätswerks zunutze macht. Die heißen Quellen speisen so manches Thermalbad in der Umgebung des Berges und auch das 30 Kilometer von ihm entfernte Saturnia.

An den Hängen des Monte Amiata versickerndes Regenwasser wird auf seiner Reise in den Untergrund vom Gestein gefiltert und schließlich durch eine bis zu 60 Meter dicke Lehmschicht hermetisch von der Außenwelt abgeriegelt. Dabei reichert es sich in 200 Metern Tiefe mit vulkanischen Gasen und Mineralsalzen an, darüber hinaus wird es dort unten auch noch angenehm temperiert. Sage und schreibe 40 Jahre dauert die Reise des Wassers, bis es schließlich in Saturnia wieder ans Tageslicht tritt.

Dampfend füllt es dann die Becken der Kaskaden und lädt zu einem angenehmen Bad ein, eine Wellnessoase der Natur. Zugegeben, es stinkt ein bisschen nach faulen Eiern, was dem Schwefelgehalt des Wassers geschuldet ist. Doch die Dämpfe befreien die Nebenhöhlen und behaglich umschmeichelt Wärme die Badenden. Das Wasser hat die gleiche Temperatur wie einst das Fruchtwasser im Mutterleib – wer möchte da wieder hinaussteigen? Ganz besonders im Winter. Denn auch wenn die Luft frostige Temperaturen angenommen hat, ist das Thermalwasser von Saturnia immer gleichbleibend wohlig warm. Es gibt zudem keine Einschränkung der Badezeiten. Deshalb kann man sogar nachts unter dem Sternenzelt die Seele in Saturnias Thermalbecken baumeln lassen. Und dabei vielleicht ein paar Gedanken dem wütenden Gott Saturn widmen, der dieses Wunder einst erschuf.

Zuppa dei fagiolo – Bohnensuppe

Zutaten für 4 Personen:

200 g getr. weiße Bohnen
30 g getr. Steinpilze
4 Tomaten
250 g Weißkohl
1 rote Paprika
4 Frühlingszwiebeln
1 Zwiebel
3 Knoblauchzehen
2 Lorbeerblätter
1 Chilischote
2 Ästchen Thymian
1 Bund Basilikum
Olivenöl, Salz, Pfeffer
4 große Scheiben altbackenes Brot
geriebener Parmesan

Zubereitung:

Die Bohnen über Nacht in ungesalzenem Wasser einweichen. Am nächsten Tag in ein Sieb schütten und abspülen. Die Tomaten in einem Topf zusammen mit den Bohnen, den Lorbeerblättern, dem Thymian und 1 ½ l Wasser zum Kochen bringen. Salzen, pfeffern, die Hitze reduzieren und ca. 1 ½ Stunden köcheln lassen, bis die Bohnen weich sind.

Die Steinpilze zehn Minuten in lauwarmem Wasser einweichen. Danach gut ausdrücken und klein schneiden. Die Zwiebel schälen und würfeln, die Frühlingszwiebeln in Röllchen schneiden. Den Weißkohl putzen, waschen und in Streifen schneiden.

Lorbeer und Thymian aus dem Bohnentopf entfernen, das Gemüse sowie die Pilze hineingeben, aufkochen und 30 Minuten lang köcheln lassen. Mit Salz und Pfeffer abschmecken.

Die Knoblauchzehen schälen. Die Basilikumblättchen abzupfen und fein hacken. In einer Pfanne etwas Olivenöl erhitzen und die Brotscheiben darin bräunen. Anschließend mit den Knoblauchzehen von beiden Seiten gut einreiben.

Die Suppe vom Herd nehmen und die Hälfte des Basilikums unterrühren. Die Brotscheiben in Suppenteller legen und die Suppe darübergeben. Mit geriebenem Parmesan und dem restlichen Basilikum bestreuen.

Mozart im Weinberg – ein Experiment

Im Süden der Provinz Siena liegt die Gegend von Montalcino, die vor allem für eines berühmt geworden ist: für ihren hervorragenden Wein. Es ist der Brunello, er wird nach strengen Regeln sortenrein aus der Sangiovese-Traube gekeltert. Bevor er in den Handel kommt, ist er fünf Jahre lang gereift, davon mindestens zwei in Eichenfässern ausgebaut und vier Monate lang in der Flasche vollendet worden. Das Resultat ist ein hocharomischer Wein von intensivem Rubinrot, mit elegantem Duft und tanninbetontem, herbem Geschmack. Ein Wein für Kenner.

So spaziere ich eines Tages durch die Weinberge bei Montalcino. Es ist eine liebliche Hügellandschaft, malerisch schmiegen sich die Rebstöcke an die Hänge, silbrig glitzern dazwischen die Olivenhaine, und auf den Hügelkuppen thronen vereinzelt alte Gehöfte. Stille liegt über dem friedlichen Land, nur ab und an erklingt der Gesang einer Zikade. Doch meist höre ich nichts als das leise Summen der leichten Brise, die die Gräser am Wegrand wiegt.

Doch plötzlich vernehme ich etwas anderes. Es ist klassische Musik, das Stück kommt mir bekannt vor: Mozart, eindeutig. Wie merkwürdig, weit und breit ist mir kein Mensch begegnet, sollte es hier mitten in den Weinbergen eine Open-Air-Veranstaltung geben? Während ich weitergehe, wird die Musik ständig lauter. Noch immer vermag ich niemanden zu erkennen, der als ihr Urheber infrage käme.

Aber dann entdecke ich einen Lautsprecher am Rand des Weinbergs, und bei näherem Hinsehen stelle ich fest, dass sogar der ganze Weinberg mit Lautsprechern gespickt ist. Mozarts Klänge sind hier allgegenwärtig! Handelt es sich um eine besondere Kunst-Performance oder gehört der Weinberg einem Esoteriker, der auf diese Art mit dem Kosmos kommuniziert?

Es ist weder das eine noch das andere. Der hiesige Winzer Giancarlo ist felsenfest davon überzeugt, dass die Musik positive Auswirkungen auf den Weinbau hat. Er ist selbst ein begeisterter Fan der Musik, und so geschah es wohl zu Anfang mehr aus Zufall, dass er bei der Arbeit im Weinberg Musik hörte und bald darauf verblüffende Beobachtungen machte. Die Reben in der Nähe seiner Musikanlage begannen früher mit der Reifung, und das, obwohl sie im Schatten standen.

Giancarlo begann, sein Experiment auszuweiten. Auf dem ganzen Weinberg baute er Boxen auf und beschallte ihn fortan ununterbrochen. Mit erstaunlichen Resultaten: Denn Giancarlo beobachtete, dass niedrige Tonfrequenzen nicht nur Vögel, Wildschweine und Nager von seinen Weinstöcken fernhielten, auch Schädlinge wie Reblaus, Rote Spinne, Spinnmilbe, Traubenwickler und Schnecken blieben aus. Chemische Schädlingsbekämpfungsmittel wurden überflüssig.

Er experimentierte mit verschiedenen Klängen, als ideal stellten sich dabei die harmonischen Kompositionen von Mozart heraus. Im Frühjahr helfen außerdem Barock- und Sakralmusik, um das Wachstum der Pflanzen anzuregen, im Herbst die energiegeladenen Klänge von Beethoven und Tschaikowski. Während der winterlichen Ruhezeit lullt meditative Musik die ruhenden Rebstöcke ein. Das Ergebnis sind kräftige Pflanzen, die hervorragende Trauben liefern.

Alles nur der Marketinggag eines esoterischen Spinners, sagten die anderen Winzer von Montalcino. Doch die Weine von Giancarlos Gutshof erzielen regelmäßig Spitzennoten bei den Prüfungen durch Montalcinos gestrengen Weinverband. Ist also an der ganzen Sache doch etwas dran?

Mehr und mehr Wissenschaftler räumen heute ein, dass über das neurologische System der Pflanzen noch immer erbärmlich wenig bekannt ist. Mittlerweile weiß man, dass Pflanzen zum Beispiel über die Wurzeln auf chemischem Wege mit anderen Pflanzen kommunizieren. Können sie also vielleicht auch hören oder zumindest auf Schallwellen reagieren?

Eine interessante Frage, deren Antwort die Landwirtschaft revolutionieren könnte. Das jedenfalls meinen Wissenschaftler der Universitäten Pisa und Florenz, die sich der Sache angenommen haben. Und aus nachvollziehbaren Gründen hat sich der Lautsprecherhersteller Bose den Experimenten angeschlossen. Immerhin bestünden im Erfolgsfall weltweit kaum zu unterschätzende Absatzmöglichkeiten für Agrar-Hi-Fi.

Tatsächlich legt eine Studie der Universität Pisa die spürbare Wirkung der Schallwellen auf Tiere im Weinberg nahe. Bestimmte Frequenzen sind dazu in der Lage, Schädlinge fernzuhalten. Doch wirken sie auch positiv auf das Pflanzenwachstum? Mit dieser Frage beschäftigt sich die Universität Florenz. Und wirklich gibt es einige Anzeichen dafür, dass Pflanzen unter der Beschallung mit klassischer Musik besser wachsen.

Wird also in Zukunft nicht nur von Giancarlos Weinbergen, sondern von allen Feldern und Obstplantagen weltweit Musik erklingen? Ich weiß es nicht. Aber ich habe mir nach der Rückkehr von meinem Spaziergang ein Gläschen Brunello eingeschenkt und ein Mozart-Requiem über die App eines Streamingdienstes abgespielt. Und eines ist gewiss: Wenn der Sonnenuntergang die lieblichen Hügel der Toskana in goldene Farben taucht und dazu die sanfte, harmonische Musik erklingt, dann mundet der Wein ganz besonders gut.

Risotto con ortiche e lamponi – Risotto mit Brennnesseln und Himbeeren

Zutaten für 4 Personen:

300 g Risottoreis
2 Schalotten
3 Handvoll junge Brennnesselspitzen
400 g Himbeeren

1 l Gemüsebrühe
300 ml Weßwein
20 g Zucker
Olivenöl, Pfeffer, Salz
geriebener Parmesankäse

Zubereitung:

In einem Topf etwas Olivenöl erhitzen und den trockenen Risottoreis darin rundum anbraten. Anschließend die Hitze reduzieren und nach und nach innerhalb von 20 Minuten die Gemüsebrühe und den Weißwein zugeben, dabei ständig rühren und den Reis allmählich garen. Der Risotto soll von breiiger Konsistenz sein, eventuell noch etwas Wasser beigeben. Mit Salz, Pfeffer und dem Zucker würzen.

Die Schalotten häuten und fein hacken. Die Brennnesselblättchen waschen, trocknen, tupfen, putzen und in Streifchen schneiden. Die Himbeeren vorsichtig waschen. In einer Pfanne etwas Olivenöl erhitzen und die Schalotten darin glasig dünsten. Danach die Brennnesseln hinzugeben und kurz mitbraten.

Sofort zusammen mit den Himbeeren vorsichtig unter den fertigen Risotto heben und servieren. Vor dem Verzehr mit etwas Parmesankäse bestreuen.

Wer ist der Höchste? – Die Wolkenkratzer von San Gimignano

Als Frankfurt am Main nach Gründung der Bundesrepublik Deutschland das Rennen um den Regierungssitz im Jahr 1949 endgültig verlor, erhielt die Stadt ein Trostpflaster: Sie wurde zum Niederlassungsort der Deutschen Bundesbank. In deren Gefolge siedelten sich im Lauf der nächsten Jahrzehnte mehr als 500 Banken und unzählige Finanzdienstleister in Frankfurt an. Es herrschte die Zeit des großen Booms. Die Wirtschaft florierte, und die Banken verdienten jede Menge Geld.

Und wenn man es zu etwas gebracht hat, dann zeigt man das auch gerne. So begannen in den frühen Siebzigerjahren die ersten Großverdiener unter den Bankhäusern, in die Höhe zu bauen. Schon von weitem sollte man sehen, wer hier in Frankfurt etwas zu sagen hat, und stolz wurde das eigene Logo an exponierter Stelle auf dem Wolkenkratzer montiert.

Diese dreiste Machtdemonstration ärgerte die Konkurrenz, und flugs setzte sie ein Hochhaus daneben – nach Möglichkeit ein bisschen höher als das des anderen Bankhauses. Es kam zu bizarren Wettstreitigkeiten, Baupläne wurden in letzter Sekunde geändert, um schnell noch ein paar Stockwerke obenauf setzen zu können, wenn durchsickerte, dass wieder einmal ein Konkurrent einen Neubau plante.

Das Ergebnis kann jeder betrachten, der aus einiger Entfernung einen Blick auf die Mainmetropole wirft: Aus der bislang eher beschaulichen mittelalterlichen Reichsstadt erwuchs Mainhattan, Deutschlands Zentrum der Wolkenkratzer.

Was die Banken in Frankfurt fabriziert haben, ist aber keineswegs eine Erfindung der Neuzeit. Denn wer durch die Toskana fährt, wird sich verblüfft die Augen reiben, wenn er sich San Gimignano nähert und den Ort erstmals in der Ferne auf dessen Hügelkuppe erblickt: Stolz ragen mächtige Steintürme aus der Ortsmitte heraus. Vor dem Reisenden liegt das Manhattan des Mittelalters!

Das Mittelalter war eine raue Zeit. Die mächtigen Adelsgeschlechter lagen im Streit miteinander, es galt das Recht des Stärkeren. Jederzeit musste mit Angriffen gerechnet werden, und so entstand innerhalb der befestigten Ortschaften die Sitte, sich in Wohntürme zurückzuziehen. Diese quadratischen Türme legten die Bauherren wie Festungen an, in jedem Stockwerk gab es oftmals nur einen einzigen Raum. Weiter hinauf gelangte man über Leitern, und wollte man oben in Sicherheit sein, so zog man die Leiter einfach zu sich herauf. Durch in die Gemäuer eingelassene Speier konnte im Belagerungsfall siedendes Wasser oder Öl auf die Angreifer hinabgeschüttet werden.

In vielen Städten gab es solche Wohntürme, nicht nur in Italien, auch in Deutschland fanden sie Verbreitung. Die meisten dieser Bauwerke haben die Zeit nicht überdauert. Doch in Bologna zum Beispiel gibt es heute noch 20 dieser Geschlechtertürme, wobei es ursprünglich einmal 180 gewesen sind.

Aber nirgends heben sie sich so markant aus der grünen Hügellandschaft empor wie in San Gimignano. Die beiden höchsten der 15 erhaltenen Türme – es waren einmal 72 – sind über 50 Meter hoch.

Und das hat seinen Grund. Denn wie die Banken in Frankfurt, so wollten es auch die wohlhabenden Familien des

Mittelalters den anderen zeigen: Seht her, unserer ist höher! Zwischen den Adelsgeschlechtern bestand ein ständiger Wettstreit um die höchsten Wohntürme. Der Wohnkomfort wurde zugunsten dieser Protzerei vernachlässigt, denn bequem sind die Türme mit ihren zahlreichen Etagen natürlich nicht. Man stelle sich den Aufwand vor, von einem Schlafraum in der obersten Etage über Leitern hinab auf die Straße zu gelangen und später wieder hinauf!

Die Elite von San Gimignano besaß jedenfalls genug Geld, um das Höhenwachstum der Türme jahrhundertelang voranzutreiben. Denn San Gimignano lag an einer wichtigen Verkehrsroute, der Frankenstraße, die vom englischen Canterbury nach Rom führte. Pilger und Händler brachten der Stadt wirtschaftlichen Wohlstand, schon früh entwickelte sie sich zu einem wichtigen regionalen Marktplatz.

Das zog ständige Machtkämpfe mit den umliegenden Gemeinden wie Volterra, Castelfiorentino oder Poggibonsi mit sich. Doch auch innerhalb der Stadtmauern lag man miteinander im Clinch. Auf die Dauer konnte das nicht gut gehen.

In den großen Auseinandersetzungen des 14. Jahrhunderts wurde das kleine San Gimignano zwischen den mächtigen Metropolen Florenz, Siena und Pisa zerrieben und verlor an Bedeutung. Kriegsverluste und blutige Auseinandersetzungen zwischen den eigenen Adelshäusern schwächten die Stadt. Mitte des Jahrhunderts kam die verheerende große Pest hinzu und gab San Gimignano ein Übriges.

Für eine Weile ging es wenigstens wirtschaftlich noch zufriedenstellend weiter, denn die Frankenstraße brachte nach wie vor Geld in die Stadt. Doch dann begann man, die Sümpfe in den Küstengebieten trockenzulegen. Für die Reisenden war es jetzt einfacher, auf den Straßen der flachen Küstenebene gen Süden zu ziehen, als mühsam durch die bergige Region, in der die Frankenstraße verlief. San Gimignano verarmte, die Zeit blieb stehen.

Das ereignete sich in der zweiten Hälfte des 17. Jahrhunderts. Was für die damaligen Bewohner der Stadt einen Fluch bedeutete, ist für die interessierten Reisenden von heute ein Segen. Denn es hat dafür gesorgt, dass San Gimignano komplett in der Ursprünglichkeit einer mittelalterlichen Stadt erhalten geblieben ist. San Gimignano ist ein pittoreskes Kleinod der lebendigen Geschichte.

Wären da nicht die vielen Souvenirbuden, Touristenrestaurants und Läden, die alle möglichen überteuerten Produkte der Toskana und als solche getarnten Nippes aus Fernost feilböten. Und natürlich die unzähligen Touristen, die sich mit schussbereiten Kameras durch die engen Gassen schieben. Die aber zumindest dafür Sorge tragen, dass San Gimignano genau wie anno dazumal auch heute wieder von den Reisenden lebt.

Arrosto di maiale – Schweinebraten

Zutaten für 4 Personen:

1 kg Schweinebraten (Nackenstück)
3 Zwiebeln
4 Knoblauchzehen
12 Salbeiblätter
3 Rosmarinzweige
3 Thymianzweige
2 Lorbeerblätter
6 Pimentkörner
8 Wacholderbeeren
300 ml Weißwein
Olivenöl
Muskatnuss
Pfeffer, Salz

Zubereitung:

Das Fleisch waschen, trocken tupfen, parieren und von allen Seiten mit Salz, Pfeffer und geriebener Muskatnuss würzen. Zwiebeln und Knoblauch schälen und klein schneiden.

In einer Kasserolle Olivenöl erhitzen und das Fleisch bei hoher Temperatur rundum anbraten. Danach aus dem Topf nehmen, Zwiebeln, Knoblauch, Salbei, Lorbeerblätter, Rosmarin und Thymian hineingeben und scharf anbraten.

Mit dem Weißwein und 300 ml Wasser ablöschen, das Fleisch zurück in den Topf geben, aufkochen und sofort die Hitze reduzieren. Pimentkörner und Wacholderbeeren hinzugeben. Salzen und pfeffern. Bei schwacher Hitze 3 Stunden lang köcheln lassen.

Vor dem Servieren das Fleisch aus der Sauce nehmen und die Sauce durch ein Sieb gießen. Das Fleisch auf einer Platte aufschneiden und mit der Sauce begießen.

Mit in Olivenöl gebratenem Gemüse wie Möhren, Broccoli und/oder Fenchel sowie frischem Weißbrot servieren.

Safran – das rote Gold von San Gimignano

Der mittelalterliche Wohlstand von San Gimignano fußte auf noch einem weiteren Standbein: dem Safran.

Die geheimnisvollen roten Fäden haben eine lange Geschichte. Spätestens seit kein Geringerer als Göttervater Zeus höchstpersönlich sich auf einem Bett aus Safranfäden zur Ruhe legte, galten sie als höchstes Luxusgut. Wer Safran verschnitt oder fälschte, der musste schon in der Antike mit empfindlichen Strafen rechnen.

Das Pflänzchen mit den leuchtend violetten Blüten kam einst aus dem Orient nach Europa. Es handelt sich um eine herbstblühende Krokusart, deren aromatische Stempelfäden als Safran bekannt wurden. Man stelle sich vor: Ein Feld voller filigraner Krokuspflänzchen, in jeder Blüte drei winzige rote Fädchen – und allein um diese geht es bei der Gewinnung von Safran!

Die Fädchen aus den zarten Blüten zu ernten, ist eine Arbeit, die äußerstes Fingerspitzengefühl verlangt. Das geht nur mit der Hand eines erfahrenen Pflückers, der seine Arbeit gebückt am Boden des Krokusackers verrichtet. Fädchen für Fädchen sammelt er den kostbaren Safran ein, und um die wertvollen ätherischen Öle zu bewahren, kann das nur in den frühen Morgenstunden geschehen. Um ein Kilo getrockneten Safran zu gewinnen, braucht man sage und schreibe an die

150.000 Blüten. Ein Hektar Land bringt durchschnittlich einen Ertrag von acht bis zehn Kilo Safran. Und für die Ernte bleiben gerade mal zwei Wochen im Oktober, denn länger blüht der Safrankrokus nicht. Nun versteht man, warum Safran so teuer ist.

Er schmeckt bitter und färbt nach dem Auflösen in Wasser alles gelb. Um ein Gericht leuchtend gelb einzufärben, benötigt man nur so wenig davon, dass der bittere Geschmack nicht zum Tragen kommt.

Stattdessen entfaltet sich optimalerweise der typische herbsüßliche Duft, vorausgesetzt, man kocht den Safran nicht zu lange mit. Deshalb fügt man ihn, zuvor 30 Minuten lang in ein wenig handwarmem Wasser eingeweicht, am besten erst gegen Ende der Garzeit hinzu. Noch besser entfaltet sich das Aroma, wenn man den Safran vor dem Einweichen im Mörser zermahlt.

Aus dem Orient stammt der Brauch, Reisgerichte mit Safran zu färben und zu aromatisieren. Safran ist auch ein wesentliches Charakteristikum der Marseiller Fischsuppe Bouillabaisse, in viele Rezepte für Kuchen- und Gebäck hat er Einzug gehalten. Bekanntlich macht er ja den Kuchen »gehl«, also gelb. Doch auch andere Dinge lassen sich einfärben, Stoffe zum Beispiel. Mit Safran kann man Gold auf Inschriften imitieren, mit Safran poliertes Silber erscheint wie Gold. Inspiriert von der Geschichte um Göttervater Zeus bestreuten reiche Römer ihre Hochzeitsbetten mit Safranfäden. Hochzeitsschleier wurden mit Safran eingefärbt, damit demonstrierte die Braut, dass sie sich etwas leisten konnte. Safran galt seit jeher als Symbol des Wohlstands.

Doch nicht überall gedeiht die empfindliche Pflanze. Die Gegend von San Gimignano bietet optimale klimatische Voraussetzungen und die notwendigen Bodenverhältnisse, deshalb begann die Kultivierung des Safrans hier schon vor fast 1.000 Jahren.

Die kostbaren Fäden wurden an Händler verkauft, die auf der Frankenstraße vorbeizogen und den Safran nach Rom und Nordeuropa exportierten. Oft ersetzten die zarten roten Fäden beim Handel sogar das Bargeld, denn sie galten als krisenfeste Währung. Schon seit 1261 gab es in San Gimignano ein Gesetz, mit dem die Reinheit des Safrans gewährleistet werden sollte. Denn alles, was großen Wert hat, lockt wie von selbst die Fälscher und Betrüger an. So lässt sich beispielsweise auch mit Kurkuma eine leuchtend gelbe Farbe erzielen. Man gewinnt das gelbe Pulver aus den Wurzeln einer südasiatischen Pflanze, die nicht umsonst auch »Safranwurz« genannt wird. Und Kurkuma schmeckt ebenfalls ein bisschen bitter. In Indien galt er lange als heilig, er ist ein wesentlicher Bestandteil von Curry. Doch ist er wesentlich leichter zu gewinnen als Safran und deshalb deutlich günstiger. Allerdings duftet er anders und unterscheidet sich auch durch seine gelbe Farbe vom roten Safran. Fälscher nutzen Kurkuma deshalb nur, um echten Safran damit zu strecken. Allein durch chemische Tests lässt sich ein solcher Betrug nachweisen.

Das aber wusste man schon zu der Zeit, als in San Gimignano das Safranschutzgesetz erlassen wurde. Löst man Safranpulver in Wasser und gibt dann etwas Natronlauge hinzu, so bleibt die Flüssigkeit gelb. Wird sie trüb und verfärbt sich dabei rot, dann hat ein Fälscher Kurkuma unter das Pulver gemengt.

Außerdem gibt es noch die Färberdistel, die, wie der Name schon vermuten lässt, zum Färben von Stoffen verwendet wurde. Schon im alten Ägypten nutzte man die Färberdistel, um Mumienleinwand einzufärben. Die Blütenstände dieser schnell wachsenden, robusten Pflanze enthalten eine Vielzahl von orangefarbenen Röhrenblüten, die dem Safran verblüffend ähnlich sehen. Man nennt sie deshalb auch »falscher Safran«. Doch die Färberdistelblüten bewirken ein deutlich blasseres Gelb als Safran und haben keinerlei Eigengeschmack. Auch äußerlich vermag der Fachmann sie vom echten Safran zu unterscheiden.

Grundsätzlich sind Safranfäden immer einem Pulver vorzuziehen, denn sie bewahren ihr Aroma länger. Außerdem sind sie nicht so leicht zu imitieren oder durch Beimengungen zu verfälschen.

Man achtete streng auf die Reinheit des Safrans aus San Gimignano, der deshalb einen ausgezeichneten Ruf genoss. Doch als die Frankenstraße im 17. Jahrhundert an Bedeutung verlor, begann auch der Niedergang der Safranproduktion von San Gimignano. Außerdem torpedierten billige Importe aus dem Osten und aus Südfrankreich das Geschäft, der Anbau von Safran in der Toskana kam zum Erliegen.

Erst in jüngerer Zeit besinnt man sich wieder der alten Tradition. Rund um San Gimignano sind neue Safranfelder entstanden, und im Oktober beginnt wie in alten Zeiten die mühevolle Erntezeit. Safran aus San Gimignano genießt heute wieder einen exzellenten Ruf. Und nach wie vor ist er ein exklusives Luxusgut.

Risotto al zafferano e radicchio – Radicchio-Safran-Risotto

Zutaten für 4 Personen:

300 g Risottoreis
1 l Gemüsebrühe
300 ml Weißwein
1 Radicchio
2 Schalotten
1 Knoblauchzehe
80 g Butter
100 g geriebener Parmesan
3 Safranfäden
Olivenöl
Pfeffer, Salz

Zubereitung:

Die Safranfäden in einem Steinmörser zerstoßen und dann mit 100 ml warmem Wasser aufgießen, dabei am Faden verbliebenen Safran lösen. Den Radicchio vierteln und die festen weißen Teile des Strunks entfernen. Anschließend in Streifen schneiden, in einem Sieb abspülen und gut abtropfen lassen. Die Schalotten schälen und fein hacken.

Die Knoblauchzehe häuten und danach einen Topf damit gründlich ausreiben. Einen guten Schuss Olivenöl hineingeben und erhitzen. Die Schalotten hinzugeben und glasig werden lassen, dann den Risottoreis hinzufügen und so lange anbraten, bis er rundum gleichmäßig glänzt. Nun etwas Brühe und Wein angießen und unter Rühren einkochen, langsam so immer weiter verfahren, bis die Flüssigkeit verbraucht ist und der Reis eine breiige Konsistenz hat. Mit Salz und Pfeffer abschmecken. Parallel zur Zubereitung des Risotto in einer Pfanne etwas Olivenöl erhitzen und den Radicchio darin scharf anbraten.

Am Ende der Garzeit das Safranwasser unter den Reis rühren und gut verteilen. Anschließend die Butter und den Parmesankäse und zum Schluss den Radicchio unterheben.

Von Schönheit und Schicksal – Siena

Das 14. Jahrhundert begann großartig. Siena, die alte etruskische Siedlung, hatte es zu nennenswertem Wohlstand gebracht und genoss auch politisch endlich die Bedeutung, die seine Bürger als angemessen empfanden.

Der Reichtum entsprang ursprünglich aus den Silbervorkommen, die man in den umliegenden Hügeln entdeckt hatte. Im frühen 12. Jahrhundert erlangte Siena schließlich seine Unabhängigkeit als Stadtrepublik. Doch dem endgültigen Aufschwung stand stets der ständige Ärger mit den Florentinern entgegen.

Im Gegensatz zur großen Konkurrentin Florenz mit ihren papsttreuen Regenten unterstützte man in Siena den Kaiser. Und das rentierte sich schließlich. Der Kaiser zeigte sich dankbar und verlieh Siena großzügige Privilegien, zum Beispiel das Recht der Münzprägung. Und 1260 konnten die Streitkräfte Sienas den Florentinern in der großen Schlacht von Montaperti eine vernichtende Niederlage zufügen.

Damit gab es endlich eine für Siena günstige Entscheidung in diesem kräftezehrenden Konflikt, der schon seit Beginn des Jahrtausends schwelte. Denn Siena und Florenz lagen all die Jahrhunderte hindurch in erbittertem Streit. Im Vordergrund stand dabei zunächst die wirtschaftliche Vorherrschaft in der Toskana. Im Gegensatz zu Florenz lag das kleinere Siena an der Frankenstraße, der schon erwähnten Handelsroute, die Nordeuropa mit Rom verband. Neidvoll betrachtete man in Florenz den wirtschaftlichen Boom, zu dem der Handel der Konkurrentin verhalf. In Siena wurden die weltweit ersten Banken gegründet, ja, es entpuppte sich sogar als eine der reichsten Städte Europas.

Die Florentiner kochten vor Neid. Hinzu kamen die wütenden politischen Auseinandersetzungen, die Kaisertreue und Anhänger des Papstes miteinander austrugen. Immer wieder kam es zu blutigen Scharmützeln, doch 1260 konnte Siena den scheinbar entscheidenden Durchbruch gegen die Angreifer aus Florenz erringen. Es sollte der größte Sieg in der Geschichte der Stadt sein. Alles schien gut zu werden.

Doch das Kaisergeschlecht der Staufer, das die Sieneser unterstützten, war dem Untergang geweiht. Das Blatt des Schicksals wendete sich, schon knapp zehn Jahre später unterlag Siena bei einer erneuten Schlacht gegen Florenz. Die Partei der Papsttreuen übernahm jetzt die Regierung in der Stadt, und das erwies sich letztendlich als gar nicht schlecht: Der »Rat der Neun«, das aus reichen Kaufleuten bestehende Stadtparlament, setzte nämlich fortan auf den Frieden. Denn in Friedenszeiten lassen sich die besten Geschäfte machen. Und diese Rechnung ging auf, der Handel florierte in Siena wie nie zuvor und die Stadt erlebte eine ungetrübte Blütezeit.

Um seine Bedeutung auch nach außen hin zu demonstrieren, hatte Siena bereits ein Jahrhundert zuvor mit dem Bau eines Domes begonnen, dessen Schönheit und Pracht alles bisher Gesehene überstrahlen sollte. Nach hundertjähriger Bauzeit erhob sich nun auf einem der drei Hügel der Stadt eine markante schwarz-weiße Basilika mit wundervoll geschmückter Fassade und 77 Meter hohem Glockenturm. Aber das genügte den Stadtvätern inzwischen nicht mehr. Beschwingt vom wirtschaftlichen Erfolg packte sie die Gigantomanie. Sie fassten den ehrgeizigen Plan, die römische Basilika von Alt-Sankt-Peter zu übertreffen, die damals größte Kirche der Welt.

Nicht zuletzt beschäftigten sich auch die Stadtherren von Florenz gerade mit dem Bau einer kolossalen Kathedrale. Und Siena hatte es doch in den letzten Jahrzehnten zu deutlich größerem Reichtum gebracht als die ewige Konkurrentin. Diesen Triumph galt es nun in Stein zu fassen und das größte und glanzvollste Gotteshaus der Welt zu errichten. Im Jahr 1339 begannen die umfassenden Erweiterungsarbeiten. Der Dom sollte die Krönung der schönen Stadt werden, die sich in den vergangenen Jahren zu einer Perle der gotischen Baukunst entwickelt hatte.

So stolz wie die Stadt selbst fühlten sich auch ihre Bürger. Das Stadtgebiet bestand aus 17 Vierteln, den sogenannten Contrade, die miteinander im Wettstreit um das höchste Ansehen lagen. Jede Contrade besaß ihr eigenes Wappenbanner, und unter diesen Zeichen traten sie nun zweimal im Jahr in einem großen Pferderennen gegeneinander an. Als Ort des Wettstreits fungierte der zentrale Platz der Stadt, die muschelförmig angelegte Piazza del Campo vor dem Rathaus. Der Sieger erhielt eine bunte Standarte, den sogenannten »Palio«, nach dem das Rennen auch benannt wurde. Jeweils zehn der Contrade kämpften um den Palio, denn für mehr Pferde gab es auf der Piazza del Campo zu wenig Platz.

Das Rennen führte ja ohnehin schon zu heftigem Gedränge, und oft genug kam es zu bösen Stürzen, die so manches Leben forderten. Alljährlich am 2. Juli und am 16. August gingen die Jockeys an den Start. Teilnehmen durften alle Contrade, die im Vorjahr aussetzen mussten, den Rest des Felds bestimmte das Los. Ganz Siena lag an diesen Tagen im Rausch, bunt geschmückte Mitglieder der einzelnen Contrade zogen durch die Straßen, ein gewaltiger Festumzug rahmte das Geschehen.

Die Piazza del Campo wurde zu Beginn des 14. Jahrhunderts einer umfassenden Sanierung unterzogen. Sie befindet sich an der Stelle eines römischen Amphitheaters und hat eine auf das unterhalb liegende Rathaus hin ausgerichtete Schräglage. Nun wurde dieser Platz mit roten Backsteinen gepflastert, in den man helle Streifen aus Travertin einließ. Darin spiegelten sich die warmen Terracottafarben der neu erbauten umliegenden Bürgerhäuser und des Rathauses mit seinem hohen Turm, dem Torre del Mangia, ganz hervorragend wider.

Auch das Rathaus und der Torre del Mangia wurden in jenen Jahren errichtet, ganze 102 Meter ragt der Turm über dem prächtigen Platz empor. Jedem sollte der Aufschwung Sienas unübersehbar ins Auge fallen. Überall eröffneten neue Baustellen, an allen Ecken entstand repräsentative Pracht. Nahezu alle Gebäude Sienas, die noch heute das Stadtbild prägen, entstanden in der ersten Hälfte des 14. Jahrhunderts.

Doch dann folgten die Rückschläge. Die Mitglieder der Regierungspartei begannen, sich untereinander zu streiten. Zu diesen inneren Unruhen kam Unbill von außen hinzu: Mehrere aufeinanderfolgende Jahre brachten große Trockenheit und erbarmungslose Dürreperioden. Das führte zu Hungersnöten, die nicht nur die Bevölkerung schwächten, sondern auch der Wirtschaft schadeten. Einige Bankhäuser Sienas mussten Konkurs anmelden, die Krise belastete den städtischen Haushalt erheblich.

Aber es sollte noch schlimmer kommen. Der Schwarze Tod fiel 1348 erbarmungslos über die Stadt her. Zwei Drittel der Bevölkerung wurden innerhalb kürzester Zeit durch die Pest dahingerafft. Von dieser Katastrophe sollte sich Siena nicht mehr erholen.

Die Ausbauarbeiten am Dom mussten eingestellt werden. Die neben ihm verbliebenen Mauern geben noch heute einen

Eindruck von den vereitelten Plänen der damaligen Zeit. Die vom Erfolg berauschten Stadtherren sahen nichts Geringeres vor, als aus dem Längsschiff das Querschiff eines viel gewaltigeren Bauwerks zu machen. Doch dazu fehlten nach den Katastrophen Mitte des 14. Jahrhunderts die Finanzen.

Vielleicht hätte sich Siena von den fürchterlichen Rückschlägen irgendwann wieder erholt, doch Florenz, das die Pest deutlich besser überstehen konnte, grub der geschwächten Konkurrentin in den folgenden Jahrzehnten gnadenlos einen Markt nach dem anderen ab. Die nachlassende Bedeutung der Frankenstraße nach Beginn der Trockenlegung der Sümpfe in den Küstenregionen tat ein Übriges zur anhaltenden Wirtschaftsflaute von Siena.

Und wie es so ist, wenn man mit schweren Problemen zu kämpfen hat, zerrieben sich in Siena die einzelnen Parteien im Streit. Die Regierungen wechselten ununterbrochen, es kam nicht einmal ein Anflug von Stabilität zustande. Das machte sich Florenz zunutze, das Siena schließlich unterwarf. Die Unabhängigkeit der Stadt ging endgültig verloren.

Und so kommt es, dass auch das Stadtbild von Siena – ganz wie das von San Gimignano – im Mittelalter eingefroren wurde. Während Florenz in der später einsetzenden Renaissance seine große Blütezeit erlebte und seine Erscheinung wesentlich veränderte, blieb Siena als gotische Stadt erhalten.

Als sich die Welt im letzten Jahrhundert durch die rasch um sich greifende Motorisierung und den aufkommenden Massentourismus veränderte, da zeigten Sienas Stadtväter kluge Voraussicht: Schon 1956 wurde die gesamte Innenstadt zur Fußgängerzone erklärt, Autos bleiben seitdem außen vor. Und deshalb ist das Mittelalter in Siena noch heute so ungestört nachzuempfinden, wie in kaum einer anderen Stadt Italiens.

Der Dom blieb zwar kleiner als vorgesehen, und doch ist er eine der betörendsten Kathedralen der Welt. Sein prachtvoll geschmücktes Inneres ist geradezu überwältigend.

Von der großen Vergangenheit zeugt auch der Palio, das Pferderennen um die Piazza del Campo, eine Tradition, die in Siena mit heiligem Ernst gepflegt wird. Und dann ist da noch die Monte dei Paschi di Siena, das älteste Bankhaus der Welt. Sie hat alle Jahrhunderte überstanden und geriet erst durch die europäische Finanzkrise in eine ernsthafte Schieflage, in deren Folge sie sich unter einen staatlichen Rettungsschirm begeben musste. Ihr historischer Stammsitz befindet sich im prächtigen Palazzo Salimbeni am gleichnamigen Platz in der Altstadt von Siena.

An die finstersten Tage der Stadt erinnert noch heute die kleine Pestkapelle Cappella di Piazza auf der Piazza del Campo. Sie wurde 1352 als Dank für die überstandene Pestepidemie erbaut. Verglichen mit den hochtrabenden Bauplänen der Vorjahre ist sie sehr bescheiden – so ist sie ein Spiegel der Demut, die Siena in jener Zeit erlernen musste.

Ricciarelli di Siena – Mandelplätzchen aus Siena

Zutaten:

300 g gemahlene Mandeln
250 g Puderzucker
1 El Mehl
1 Pck. Vanillezucker
2 Eiweiße
1 Tl Backpulver
4 Tropfen Bittermandelöl
1 Tl Kakaopulver
½ Tl abgeriebene Schale einer unbehandelten Zitrone
½ Tl Salz

Zubereitung:

Die Mandeln in einer Pfanne ohne Fett rösten, bis sie duften. Danach zusammen mit dem Vanillezucker mit dem Pürierstab bearbeiten, bis eine ganz feine Masse entstanden ist. Diese mit 100 g Puderzucker, Backpulver, Mehl und Bittermandelöl zu Teig vermischen. Die Eiweiße zusammen mit dem Salz steif schlagen, 100 g Puderzucker untermischen und mit dem Teig zu einer klebrigen Masse vermengen. Diese in drei Teile aufteilen. Einen davon mit dem Kakao vermischen, einen mit der Zitronenschale.

Jeden Teig auf je ein Stück Frischhaltefolie geben, einwickeln und eine Wurst von ca. 4–5 cm Durchmesser daraus rollen. Die Folie entfernen, die Würste mit einem angefeuchteten Messer etwa 2 cm dicke Scheiben schneiden und auf ein mit Backpapier ausgelegtes Backblech legen. Mit dem Rücken einer Gabel jeweils leicht eindrücken. Im vorgeheizten Backofen bei 120°C 20 Minuten lang backen. Die Plätzchen dürfen nicht dunkel werden, am besten nimmt man sie noch fast weiß aus dem Ofen. Nach dem Backen mit dem restlichen Puderzucker bestäuben.

Ausnahmezustand – im Exil mit Giovanni Boccaccio

Einst gab es in der Toskana ein Nonnenkloster, in dem die Äbtissin mit acht blutjungen und hübschen Glaubensschwestern lebte. Der Klostergärtner empfand seinen Lohn als zu gering, deshalb kündigte er eines Tages seine Stelle. Auch ging ihm die ständige Nörgelei der Nonnen auf die Nerven, denn egal, wie er es anstellte, nie konnte er es ihnen recht machen.

Davon erzählte er Masetto, einem jungen, kräftigen Bauernburschen, und dieser, weniger beflügelt von der Schilderung der mühevollen Arbeit als von der Beschreibung der anmutigen Ordensfrauen, fasste den Entschluss, sich um die vakante Stelle des Klostergärtners zu bewerben. Weil er jedoch befürchtete, wegen seiner Jugend und seines guten Aussehens von der strengen Äbtissin abgewiesen zu werden, gab er sich als bedauernswerten Taubstummen aus.

Masetto tat sein Bestes und stellte sich in der Probezeit so vorzüglich an, dass er den Posten erhielt. Die Äbtissin empfand Mitleid mit dem vermeintlich Behinderten, von ihm, so glaubte sie, gehe keine Gefahr für das Seelenheil der ihr anvertrauten Gottesdienerinnen aus. Denn von der Lähmung mussten wohl neben der Zunge auch andere Glieder betroffen sein. Deshalb empfand sie keinerlei Argwohn, als schon bald darauf die jungen Nonnen begannen, den neuen Gärtner zu necken und allerhand Unfug mit ihm zu treiben.

So kam es, dass sich eines Tages in einer der Nonnen der Wunsch regte, einmal auszuprobieren, wie es wohl sei, bei einem Mann zu liegen. Der neue Gärtner schien dazu das ideale Versuchsobjekt zu sein, denn selbst wenn er es gewollt hätte, so könnte er doch niemals jemandem etwas davon verraten. Schließlich war der arme Kerl ja stumm! Diesen Plan verriet sie einer anderen Nonne, der die frivole Idee ausnehmend gut gefiel.

Masetto, der das Gespräch der Nonnen unbemerkt mit angehört hatte, stellte sich ahnungslos und spielte den Tölpel. Willig fügte er sich in die Spiele der Lust, mit denen die Ordensfrauen ihn verführten. Die beiden jungen Frauen fanden Gefallen daran und so kam es, dass die heimlichen Treffen fortan zur Gewohnheit wurden.

Doch eines Tages erwischte sie eine andere Nonne bei ihrem Schäferstündchen. Statt Meldung über das unzüchtige Betragen zu machen, gesellte sie sich hinzu, und so kam es, dass nach und nach alle acht Nonnen sich zu gemeinsamen Lustbarkeiten mit Masetto einfanden.

Da begab es sich, dass die Äbtissin selbst Masetto zufällig einmal unbekleidet erblickte und eine Begierde verspürte. Sie lud ihn in ihr Gemach ein und verlustierte sich im Verborgenen mit ihm. So ging das eine ganze Weile weiter, doch aufgerieben zwischen all den Frauen und völlig erschöpft gab Masetto schließlich der Äbtissin zu erkennen, dass er sprechen konnte, und beichtete ihr die ganze Geschichte.

Die Äbtissin zeigte Verständnis. Sie übertrug Masetto die Meierei, einen Posten, der besseren Lohn und weniger Arbeit mit sich brachte als das Gärtneramt. So blieben ihm mehr Zeit und mehr Kraft, die er von nun an in seligem Einvernehmen mit der Äbtissin und den Nonnen verbringen konnte. Dass er die Sprache wiedergefunden hatte, erklärten sie mit einem

Wunder, und ihr gemeinsames Verhältnis verbargen sie zeitlebens vor der Außenwelt mit geschickter Diskretion, auch wenn so manches Kindlein hinter den Klostermauern das Licht der Welt erblickte. Masetto wurde wohlhabend und zudem vielfacher Vater, er starb als glücklicher Mann nach einem wahrhaft ausgefüllten Leben.

Dies ist die knappe Zusammenfassung einer ziemlich anzüglichen Geschichte. Sie entstammt einer umfangreichen Sammlung von Erzählungen, von denen viele einen äußerst pikanten Inhalt haben. Und oft geht es dabei um Angehörige des Klerus, denen lüsterne Ausschweifungen in die Schuhe geschoben werden. Kein Wunder, dass die Kirche das Buch, in dem diese Geschichten zusammengetragen sind, auf den Index setzte. Der fanatische Bußprediger Savonarola, der in der zweiten Hälfte des 15. Jahrhunderts in Florenz verbissen für die Rückkehr zu einem einfachen und frommen Lebenswandel kämpfte, verbrannte persönlich jede Ausgabe, die ihm in die Hände fiel.

Es handelt sich um das Dekameron, eine Sammlung von 100 Novellen, die innerhalb von zehn Tagen erzählt werden, daher der an den griechischen Wortstamm »dekad« – Anzahl von zehn – angelehnte Name. Hintergrund für die Entstehung des Werks ist die Pest, die im Jahr 1348 auch die Stadt Florenz heimsucht. Zehn junge Leute sind vor dem Schwarzen Tod in ein Landhaus geflohen und vertreiben sich dort die Zeit, indem sie sich Geschichten erzählen. Eine Zeit, die in der fast surrealen Starre eines beängstigenden Ausnahmezustands zu verharren scheint.

Das ist die Rahmenhandlung des Werks, das als Grundstein der italienischen Prosa und als maßgeblicher Vorreiter und Vorbild für alle großen Novellen der Weltliteratur gilt.

Sein Schöpfer ist Giovanni Boccaccio, der 1313 das Licht der Welt erblickte. Seine Eltern waren nicht verheiratet, die Mutter starb bei der Geburt. Boccaccio wuchs deshalb im Haus des Vaters, eines Bankiers, in Florenz auf. Mit 14 schickte der Vater ihn nach Neapel, wo er zum Kaufmann ausgebildet werden sollte. Doch Boccaccio trug anderes im Sinn. Er widmete sich mit Leidenschaft der Literatur, fand Zugang zum neapolitanischen Hof und erhielt dort eine umfassende Allgemeinbildung. 14 Jahre verbrachte er in Neapel. Zurück in Florenz trat er in den Staatsdienst ein und wurde zu einem der bedeutendsten Dichter und Humanisten seiner Zeit. Mit dem Dekameron verarbeitete er das Grauen und die Schrecken der Pest, die er selbst in Florenz miterleben musste. Daneben veröffentlichte er noch etliche andere Epen, Gedichte und Romane sowie eine Biographie Dante Alighieris und Kommentare zu dessen Göttlicher Komödie. Seinen Lebensabend verbrachte Boccaccio in Certaldo, einer kleinen Gemeinde im Tal des Flusses Elsa südlich von Florenz.

Und mochte die Kirche ihn wegen der beißenden Kritik, die er in seinen verwegenen Geschichten recht unverhohlen an den Tag legte, auch noch so sehr schmähen, so konnte das den Erfolg seines Dekamerons doch nicht aufhalten. Am witzigsten und gelungensten sind gerade die Schwänke Boccaccios, die ins Obszöne abgleiten. So deftig die Situationen auch werden, Boccaccio versteht es dabei immer, mit gewählten Worten und eleganter Sprache das literarische Niveau zu wahren.

Sein Werk inspirierte in den folgenden Jahrhunderten Dichter und Literaten wie Cervantes, Goethe, Balzac, Shakespeare, Swift oder Lessing. Und noch heute werden die unterhaltsamen Geschichten des Dekamerons gerne gelesen. Denn sie sind von meisterlicher sprachlicher Kraft und Schönheit.

Zuccotto – toskanische Kuppeltorte

Zutaten:

5 Eier
150 g Puderzucker
50 g Mehl
50 g Speisestärke
1 Pck. Vanillezucker
200 g Zartbitterschokolade
700 ml Sahne
300 g Mascarpone

80 g Zucker
50 g geriebene Mandeln
50 g geriebene Haselnüsse
15 cl Amaretto
Salz
Puderzucker und Kakaopulver zum Bestäuben
Butter zum Einfetten

Zubereitung:

Die Eier in Eiweiß und Eigelb trennen. Die Eiweiße mit einer Prise Salz sehr steif schlagen. Die Eigelbe mit Puder- und Vanillezucker zu einer schaumigen Creme verrühren. Dann Mehl und Speisestärke unter die Creme rühren, zuletzt vorsichtig mit einem Schneebesen den Eischnee unterheben und verteilen.

Den Backofen auf 180°C vorheizen. Ein Backblech mit Backpapier auslegen, die Masse darauf verteilen, 15 Minuten lang zu Biskuit backen. Dann auf ein Brett stürzen und das Backpapier entfernen.

Eine Schüssel bereitstellen und aus dem Biskuit einen Kreis schneiden, der dem oberen Durchmesser der Schüssel entspricht, sowie einen, der dem des Schüsselbodens entspricht. Das restliche Biskuit in spitz zulaufende Streifen schneiden, die in ihrer Länge der Schüsselhöhe gleichen. Nun die Innenseite der Schüssel gut mit Butter einfetten. Den kleinen Biskuitkreis auf den Schüsselboden legen und die Seitenwände mit den Biskuitstreifen auslegen. Anschließend den Amaretto mit einem Pinsel über dem Biskuit verteilen.

Die geriebenen Mandeln und Haselnüsse in einer Pfanne ohne Fett rösten, bis sie zu duften beginnen. 600 ml Sahne steif schlagen. Die Hälfte der geschlagenen Sahne mit dem Zucker, der Mascarpone, den Mandeln und den Haselnüssen vermischen. Diese Masse nun in die Schüssel füllen und die Schüssel dann 45 Minuten ins Gefrierfach stellen.

Die Schokolade im Wasserbad zum Schmelzen bringen und 100 ml Sahne daruntermengen. Anschließend die übrige Hälfte der geschlagenen Sahne unter die lauwarme Schokoladensahne ziehen.

Diese Schokoladensahnemasse nach Ablauf der Gefrierzeit auf der Sahne-Mascarpone-Masse in der Schüssel verteilen und mit dem großen Biskuitkreis bedecken. Über Nacht in den Kühlschrank stellen. Am nächsten Morgen noch einmal für eine Stunde ins Gefrierfach stellen. Dann herausnehmen und sofort auf eine Platte stürzen. Mit Puderzucker bestäuben, aus Papier einen Stern ausschneiden, auf die Mitte der Halbkugel legen und danach mit Kakao bestäuben. Zum Schluss den Papierstern vorsichtig entfernen.

Man kann das Rezept mit kandierten Früchten erweitern, weiße Schokolade verwenden, andere Likörsorten oder Rum. Wenn es einfacher gehen soll, kann man natürlich auch gekauftes Biskuit verwenden.

Film ab! – die großen Motive der Crete Senesi

Wie bitter ist der Verrat! Ein Meuchelmörder hat den aufrechten römische Feldherrn Maximus hintergangen. Leider ist dieser Verräter der neue Kaiser, und er befiehlt die Tötung des Maximus. Maximus gelingt die Flucht, doch wird er im Kampf verletzt. Mit letzter Kraft erreicht er die Heimat. Weite Weizenfelder umgeben das Gehöft seiner Familie, das malerisch in der Ferne auf einer Anhöhe liegt. Einzelne Zypressen säumen den Weg, sanft wiegen sich die Ähren im Wind. Wie ein kostbares Tuch liegt die Landschaft zum Empfang des heimkehrenden Helden ausgebreitet, die harmonisch fließenden Wellen der Hügel verheißen Geborgenheit und Frieden.

Es ist eine märchenhaft schöne Gegend, die der Regisseur Ridley Scott für diese Szene in seinem Film »Gladiator« ausgewählt hat. Ihr lieblicher Zauber steht im scharfen Kontrast zum brutalen Inhalt der Geschichte, einem epischen Drama um Heldentum, Unrecht, Verrat und Ehre.

Für die Aufnahme der Heimkehrszene hat Scott sein Set in die Toskana geschafft. Das einsame Gehöft, welches als Heimathof des Filmhelden dient, liegt in der einzigartigen Landschaft der Crete Senesi. Hier, südlich von Pienza, liegt im Val d'Orcia die Località Terrapille, und genau dort entstand die beschriebene Filmszene aus »Gladiator«. Nicht zufällig suchte Ridley Scott gerade die Crete Senesi dafür aus. Denn er kannte die Toskana von früheren Dreharbeiten her, als er Hannibal Lector durch ein gotisch düsteres Florenz schickte.

Der besondere Reiz der Crete Senesi liegt nicht nur in ihrer Schönheit, sondern auch darin, dass sie sich mit dem Wechsel der Jahreszeiten stark verändern. Im Frühjahr verzaubert das junge Grün der endlosen Weizenfelder die Hügel in ein fast neonfarbenes Meer, das reife Korn des Frühsommers taucht sie später in wogendes Gelb. Nach der Ernte, wenn Pflüge den lehmigen Boden aufgerissen haben, verwandeln sie sich in eine wahre Mondlandschaft. Auf den erhabensten der zahllosen Hügel thronen würdevolle Landsitze, aber auch verlassene Gehöfte. All dies macht die Crete Senesi zu einer Landschaft wie aus einer anderen Zeit. Sie erstreckt sich von Asciano im Norden und dem Tal der Arbia im Westen bis hin zu den nördlichen Ausläufern des Monte Amiata.

Die einmalige Atmosphäre dieses Landstrichs wussten sich schon zahlreiche Regisseure zunutze zu machen. Hier entstanden Szenen des Films »Der englische Patient«, gedreht wurde im Kloster Sant'Anna in Comprena. Die Verfilmung von Ingrid Nolls Krimi »Die Häupter meiner Lieben« wäre ohne die Landschaft der Crete Senesi nur halb so schön. Auch James Bond ist schon dagewesen, in »Ein Quantum Trost« jagt Daniel Craig durch Siena, während die Stadt im Rausch des Palio liegt, des mörderischen Pferderennens um die Piazza del Campo. Und seit dramatische Szenen der Vampirsaga »Twilight – New Moon« in Montepulciano, der Stadt des »Vino Nobile«, aufgenommen wurden, gibt es sogar organisierte Touren, die interessierte Fans zu den Originaldrehorten bringen.

Die Crete Senesi ziehen aber nicht nur Filmemacher an, auch Fotografen verlockt diese Landschaft. Denn hier lassen sich die faszinierendsten Aufnahmen einfangen. Wenn kurz nach Sonnenaufgang die Frühnebel in den Tälern liegen und sich nur die Anhöhen daraus erheben, wenn die warmen Erdfarben der Bauernhäuser von der aufgehenden Sonne zum Leuchten gebracht werden und Zypressen aus den Nebelschwaden ragen, dann ist die große Stunde der Landschaftsfotografen angebrochen.

Manche Ecken der Crete Senesi – wie Terrapille oder das einsame Zypressenwäldchen an der Via Cassia zwischen San Quirico d'Orcia und Torrenieri – gehören wahrscheinlich zu den meistfotografierten Landschaftsmotiven der Welt. Gerade das Zypressenwäldchen übt eine geradezu magische Anziehungskraft aus. Den besten Blick darauf genießt man von einer Talbrücke, deshalb muss man auf der Via Cassia sehr vorsichtig fahren. Denn immer wieder halten Autos völlig verkehrswidrig mitten auf der Brücke, Schnappschussjäger springen heraus und beginnen zu fotografieren, ohne auf ihre Mitwelt zu achten.

Ein anderes Top-Motiv, dem man ständig begegnet, ist eine kleine weiße Kapelle, die Cappella della Madonna di Vitaleta. Sie liegt neben einem einsamen Gehöft auf einer Anhöhe, gerahmt von ein paar Zypressen und Pinien, während sich im Hintergrund der mächtige Monte Amiata erhebt. Mag sein, dass die schiere Masse ihrer Fotos der verkehrsgünstigen Lage geschuldet ist, sie liegt an der Straße zwischen Pienza und San Quirico d'Orcia, und viele Fotografen kommen ganz zufällig daran vorbei.

Und wohl jeder hat schon einmal ein Bild der langen Zypressenallee gesehen, die sich in weiten Schwüngen einen Hang hinaufwindet, auf dessen höchstem Punkt ein Landhaus liegt. Diese berühmte Allee befindet sich bei La Foce, westlich von Chianciano Terme. Hier gibt es sogar einen Parkplatz mit einer Aussichtsplattform, beides eigens für die Fotografen angelegt.

Ein bisschen abseits der Crete Senesi liegt 35 Kilometer südwestlich von Siena schließlich die Ruine der Abtei von San Galgano. Sie stammt aus dem 13. Jahrhundert, doch nach der großen Pest von 1348 ging es mit dem Kloster unaufhaltsam bergab. In der Mitte des 16. Jahrhunderts wurde schließlich das bleierne Dach der Klosterkirche verkauft, seitdem ragt ihre Ruine wie ein Gerippe in den Himmel. Sie ist in französischer Gotik erbaut, diese Architektur mit ihren hohen Spitzbögen ist für die Toskana sehr ungewöhnlich. Aber wohl nicht deshalb kommen die Fotografen, sondern wegen der morbiden Szenerie und der Stimmungen, die dramatisch wechselnde Lichteinfälle im Inneren der Kirchenruine inszenieren.

So haben die Crete Senesi in den vergangenen Jahrzehnten einen ungeahnten Aufschwung erfahren. Eigentlich sind sie nämlich ein karges Terrain, das kaum genug hergibt, um seine Bevölkerung zu ernähren. Viele Landwirte haben deshalb ihre Höfe aufgegeben, davon zeugen die Ruinen, die man immer wieder auf den Hügeln erblickt. Der Tourismus bringt neues Leben in die Region, und moderne Technik erleichtert den verbliebenen Bauern ihre Arbeit. Das Gebiet ist berühmt für seinen hervorragenden Schafskäse, den Pecorino. Die Stadt Pienza gilt sogar als Hauptstadt des Pecorino.

Der »Gladiator« konnte freilich keinen Pecorino genießen, als er das heimische Gehöft schließlich erreichte. Stattdessen fand er seine Familie gemeuchelt, das Wohnhaus niedergebrannt. Die Szene, die so idyllisch begann, findet ein barbarisches Ende. Doch alles ist nur das Gespinst filmischer Fantasie. Denn das Zuhause des Gladiators liegt eigentlich gar nicht in der Toskana, vielmehr ist es in Spanien zu verorten. So hat das schöne Terrapille nur als Statthalter gedient und kann seine anmutige Unschuld für weitere Aufnahmen bewahren.

Crostini con pecorino e capperi – Röstbrot mit Pecorino und Kapern

Zutaten für 4 Personen:

16 kleine Scheiben Ciabatta oder Weißbrot
250 g Pecorino
2 El Kapern (abgetropft)
6 El Weißwein
1 Bund Rucola
16 Cherrytomaten
2 El Balsamicoessig
4 El Olivenöl
Salz, Pfeffer

Zubereitung:

180 g des Pecorino grob in eine Schüssel reiben und mit dem Weißwein und den Kapern vermischen. Die Ciabattascheiben auf ein Backblech legen und mit der Käsemischung belegen. Den Backofen auf 200°C vorheizen und die Brote ca. 15 Minuten backen, bis der Käse goldgelb verlaufen ist.

In der Zwischenzeit den Rucola waschen, trockenschleudern und die Stiele entfernen. Olivenöl und Balsamico zu einem Dressing verrühren und mit Salz und Pfeffer abschmecken. Den Rucola gut mit diesem Dressing vermischen und auf Tellern anrichten. Die Tomaten waschen, halbieren und darauflegen. Den restlichen Pecorino sehr dünn hobeln und über dem Salat verteilen. Zum Schluss die heißen Crostini dazulegen und servieren.

Der Fallschirm und die Wasseruhr – Leonardo da Vinci

Warum können Vögel fliegen und Menschen nicht? Menschen haben zwar keine Flügel, aber sie sind intelligent. Warum bauen sie sich nicht einfach welche? Warum können Fische unter Wasser leben? Sie haben Kiemen, die besitzt der Mensch nicht. Warum fertigt er sich nicht einfach ein Behältnis, mit dessen Hilfe er unter Wasser atmen kann? Eine Libelle kann in der Luft nahezu stillstehen. Was müsste man konstruieren, um diese Fertigkeit nachzuahmen?

Flugzeug, U-Boot und Hubschrauber sind nur einige Ideen, die Leonardo da Vinci entwickelte. Aber die bloße Idee genügte ihm nicht. Er betrieb ausgiebige Studien und Beobachtungen, anhand derer er Skizzen zu seinen Apparaten erstellte. Er zeichnete ein Ein-Mann-Tauchboot und eine Luftschraube, die an einen modernen Helikopter erinnert. Er erdachte eine durch schnelles Treten zu bewegende Flügelkonstruktion und andere Flugapparate. Darüber hinaus erfand Leonardo einen eckigen Fallschirm, Schwimmflossen, einen Taucheranzug und ein Automobil mit Getriebe. Ohne Frage: In diesem Mann steckte ein Universalgenie von unerschöpflichem Ideenreichtum.

Und er liebte die schönen Künste. Hingebungsvoll studierte er die Bewegungen von Menschen und Tieren, um beide möglichst naturgetreu darstellen zu können. Das perfekte Bildnis blieb stets sein größter Traum – er verwirklichte es später in jahrelanger Feinarbeit. Das Ergebnis fasziniert die Menschen noch heute genauso wie zu seinen Lebzeiten: die Mona Lisa.

Auch Leonardo lebte in jener ganz besonderen Zeit, der Renaissance. Damals brachen die Menschen zu neuen Ufern auf und revolutionierten innerhalb weniger Jahrzehnte Kunst, Kultur, Wissenschaft, Philosophie sowie die Wirtschaft. Es herrschte eine grenzenlose Dynamik, all dies saugte Leonardo da Vinci begierig in sich auf und setzte bisher völlig Undenkbares in die Tat um. Mit seiner schier unerschöpflichen Vielseitigkeit verkörpert er die Explosion des Denkens jener Jahre wie kein anderer. Deshalb gilt er heute als der bedeutendste Repräsentant der Renaissance.

Leonardo, 1452 geboren, stammte aus Anchiano, einem Ortsteil der Gemeinde Vinci, etwa 30 Kilometer westlich von Florenz gelegen. So ist Leonardos Nachname denn auch kein Familienname, sondern ein Hinweis auf seine Herkunft. Der kleine Weiler hat sich seit seinen Lebzeiten so gut wie gar nicht verändert, er ist eine Enklave der Vergangenheit zwischen Olivenhainen und Weinbergen.

Leonardos Vater war ein junger Notar, seine Mutter sehr wahrscheinlich eine Sklavin arabischer Herkunft. Schon damals stellten Patchwork-Familien keine Seltenheit dar, Leonardos Mutter heiratete einen anderen und bekam fünf weitere Kinder, der Vater heiratete gleich viermal und zeugte noch elf Sprösslinge. Er nahm aber auch Leonardo als Sohn an, und weil der Vater seiner Tätigkeit in Florenz nachging, verbrachte Leonardo seine Kindheit und Jugend dort. Florenz präsentierte sich damals als die aufregendste Stadt der Welt. Hier stand die Wiege der Renaissance, hier trafen sich alle Vordenker jener Epoche. Leonardos Vater arbeitete zudem für die

Medici, die großen Förderer von Kunst und Kultur. So befand sich Leonardo mitten am Puls des Zeitgeschehens.

Die üblichen Schulfächer entsprachen allerdings nicht Leonardos Geschmack, er tat sich schwer damit. Allen Bemühungen seines Lehrers zum Trotz erlernte er nie das Lateinische. Stattdessen interessierte er sich für Kunst, Musik und handwerkliche Tüfteleien. Früh zeigten sich seine besonderen Talente auf diesen Gebieten, und er begann seine Ausbildung in der Werkstatt eines Bildhauers und Malers.

Als sensibler Feingeist bewunderte er die Schönheit der Natur und die Reize ungewöhnlicher Landschaften, seltener Pflanzen oder markanter Gesichter. Genau das wollte er darstellen. Obgleich freundlich und umgänglich, zog er sich immer wieder gerne in die Einsamkeit zurück. Die intensiven Männerfreundschaften, die er zeitlebens pflegte, brachten den Verdacht auf, er könne homosexuell veranlagt sein. Tatsächlich sah er sich 1476 mit einer entsprechenden Anklage konfrontiert, wurde aber freigesprochen.

Auch der geniale Leonardo musste sich dem alltäglichen Kampf ums Dasein stellen. Er brauchte Geld für seinen Lebensunterhalt, und um solches zu verdienen, musste er Auftragsarbeiten annehmen. Das widerstrebte ihm oft genug. Er, der sein Leben der Schönheit und Ästhetik widmen wollte, sah sich gezwungen, für das Militär zu arbeiten und Kriegsapparate zu entwickeln. Denn es herrschte ja eine Zeit ständiger kriegerischer Auseinandersetzungen zwischen den italienischen Stadtstaaten.

Der Herzog von Mailand nahm Leonardo in seine Dienste und ließ ihn eine Festung planen, die stark genug sein sollte, um feindlichen Kanonenangriffen trotzen zu können. Dazu entwarf Leonardo stromlinienförmige Geschosse und ein Schnellfeuergeschütz, Panzerwagen sowie Katapulte. Aber er durfte auch die Konventskirche Santa Maria delle Grazie mit einem Fresco schmücken: So entstand »L'Ultima Cena«, das weltberühmte Abendmahl.

Als sich das politische Blatt in Mailand wendete, versuchte Leonardo für eine Weile, sich als Ingenieur in Venedig zu verdingen. Hier entwickelte er die Pläne für einen Taucheranzug, für ein U-Boot, für Schwimmflossen und ein Atemgerät.

Anschließend kehrte er nach Florenz zurück und verrichtete in der Folgezeit die verschiedensten Aufträge, wobei er sich wankelmütig zeigte und so manche Arbeit unvollendet ließ. Die Bearbeitung eines gigantischen Marmorblocks nach seinen eigenen Vorstellungen lehnte er ab. Drei Jahre später sollte sich der junge Michelangelo dieses Steinklotzes annehmen und seinen David daraus gestalten.

Leonardo hingegen gab sich seinen technischen Studien hin. Er war geradezu besessen von den Ideen, die sein lebhafter Geist ihm eingab und klügelte die unglaublichsten Konzepte aus, Dinge, die noch nie zuvor ein Mensch erdacht hatte. Leider fehlten ihm die Mittel, diese Erfindungen vom Papier in die Realität umzusetzen.

In diesen Jahren perfektionierte er jedoch auch seine Malerei. Neben zahlreichen bestellten Gemälden entstand jetzt die Mona Lisa. Im Dienste des französischen Königs ging Leonardo schließlich als Hofmaler zurück nach Mailand. Hier ergaben sich endlich wieder Möglichkeiten, seine Leidenschaft für die Technik auszuleben. Als Ingenieur befasste er sich mit hydraulischen Projekten, mit Kanälen und Talsperren. Er kreierte den weltersten Wasserzähler. Und erschuf ein Kanalisationssystem für das überbevölkerte Mailand.

Zuletzt wurde er nach Rom berufen, das dank eines kunstbeflissenen Papstes allmählich zum Zentrum der italienischen Kunst aufstieg. Doch hier wurde Leonardo nicht glücklich.

Ruhm und Popularität gehörten seinen jüngeren Kollegen Michelangelo und Raffael. Der inzwischen über sechzigjährige Leonardo besaß keinerlei Ambitionen, sich auf die Intrigenspiele innerhalb des Vatikans einzulassen. Er malte nur noch selten, stattdessen beschäftigte er sich mit der Sonnenenergie. Mithilfe von Hohlspiegeln potenzierte er deren Wärme und brachte damit Wasser zum Kochen. Vielleicht bedingt durch eigene leidliche Erfahrungen entdeckte er die Arteriosklerose und verfasste Aufzeichnungen darüber, die allerdings verlorengingen.

Als der französische König ihm einen Alterssitz verbunden mit großzügiger Apanage anbot, nahm Leonardo gerne an. So verbrachte er sein Lebensende in Frankreich. Der König schätzte die Gesellschaft des eloquenten Allround-Genies, und Leonardo revanchierte sich mit kleinen Wundern, wie einem mechanischen Löwen, der tatsächlich einige Schritte weit laufen konnte. Im Mai 1519 starb er auf dem Schloss Clos Lucè in Amboise.

Ein eckiger Fallschirm? Experten unserer heutigen Zeit waren fest davon überzeugt, dass diese Idee des Leonardo nicht funktionieren könne. Dennoch baute im Jahr 2000 ein wagemutiger Brite das pyramidenförmige Konstrukt aus Segeltuch und Holz originalgetreu nach. Allen Warnungen zum Trotz sprang er damit aus 3.000 Metern Höhe ab – und landete sanft und sicher.

Das Leonardo-Museum in Vinci zeigt die Nachbauten zahlreicher Apparaturen, die Leonardo entworfen hat, und gibt damit einen faszinierenden Einblick in die Gedankenwelt des größten Genies der Renaissance.

Spinaci al forno – überbackener Spinat

Zutaten für 4 Personen:

1 kg frischer Blattspinat (ersatzweise Tiefkühlblattspinat)
250 ml Milch
200 g Ricotta
100 g geriebener Parmesan
2 Knoblauchzehen
80 g Butter
50 g Paniermehl
2 El Mehl
Saft von ½ Zitrone
Olivenöl
Muskatnuss
Salz, Pfeffer

Zubereitung:

Die Knoblauchzehen häuten und fein hacken. In einem großen Topf einen guten Schuss Olivenöl erhitzen und den Knoblauch darin anbraten. Den Blattspinat putzen, waschen und nass mit in den Topf geben. Mit dem Deckel verschließen und bei starker Hitze zusammenfallen lassen, dann die Hitze reduzieren. Mit Salz, Pfeffer und Muskatnuss würzen und fünf Minuten ziehen lassen. Zum Schluss den Ricotta unterrühren.

Die Hälfte der Butter in einem Topf schmelzen, das Mehl einrühren und kurz anschwitzen. Dann die Milch mit dem Schneebesen einrühren, aufkochen und bei schwacher Hitze unter Rühren cremig einköcheln lassen. Vom Herd nehmen, die Hälfte des Parmesans und den Zitronensaft unterrühren, mit Salz, Pfeffer und Muskat würzen.

Den Spinat in eine Auflaufform geben und die Sauce darüber verteilen. Den restlichen Parmesankäse mit dem Paniermehl vermischen und über die Oberfläche des Auflaufs streuen. Die Butter in kleine Flöckchen schneiden und oben aufsetzen.

Den Backofen auf 200°C vorheizen und den Auflauf ca. 30 Minuten lang überbacken, bis die obere Schicht goldbraun geworden ist. Mit frischem Ciabattabrot servieren.

Wir müssten mal einkaufen – Alltagsleben in der Toskana

Morgen wollen Francesca und ich einen Ausflug nach Florenz machen. Denn ich möchte gerne noch einmal Michelangelos David in der Galleria dell'Accademia anschauen. Bisher habe ich ihn nur einmal gesehen, damals war ich 13 Jahre alt und besuchte Florenz zum allerersten Mal. In den dazwischenliegenden Jahrzehnten bin ich zwar öfters in Florenz gewesen, aber bis zu dem schönen Jüngling habe ich es nie geschafft. Zumindest nicht bis zu seinem Original. Natürlich habe ich mehrfach den Bronzeabguss auf der Piazzale Michelangelo gesehen, von der aus man das berühmte Bilderbuchpanorama über Florenz genießt. Und die Kopie auf der Piazza della Signoria. Nicht zu vergessen die Abertausende von Miniatur-Davids, die mir von Souvenirständen in ganz Italien entgegenglotzten.

Aber nun will ich endlich noch einmal das echte Meisterwerk sehen. Das ist nicht so einfach, wenn man stundenlange Wartezeiten vermeiden möchte, muss man die Eintrittskarten für die Galleria dell'Accademia vorab im Internet bestellen. Man hat dann ein Zeitfenster von 15 Minuten, in dem man hineingelassen wird.

Francesca jedoch steht der Sinn nach anderem. Sie hat den David schon so oft gesehen, dass sie keine Lust auf das Museum hat. Aber einem Besuch in Florenz ist sie nie abgeneigt. Florenz ist eine der führenden Modestädte Italiens, hier gibt es nicht nur Vertretungen der teuren Designer, die Francesca ja auch in Forte dei Marmi hat. Nein, in Florenz gibt es die Boutiquen zahlreicher kleiner Modemanufakturen, Outlet-Stores und extravagante Schuhläden. Auch heißt es immer wieder, Florenz sei berühmt für seine günstigen Lederwaren. Das hingegen, so erzählt Francesca, sei ein hartnäckiges Gerücht. An den vielen Straßenständen würden vielmehr billige Importe aus dem Ausland verscherbelt, schlecht verarbeitet und viel zu teuer. Wer wirklich edle Lederprodukte sucht, der sollte zu »Cellerini« in der Via del Sole gehen. Aber er sollte unbedingt auch ein gut gefülltes Portemonnaie mitnehmen.

Es gibt die herrlichsten Seiden- und Baumwollstoffe in Florenz zu kaufen. Die Weberei hat hier nämlich eine lange Tradition. Außerdem findet man edelste Papierwaren. Berühmt ist das handgeschöpfte farbige Papier in Marmoroptik, Francesca kauft es bei »Il Papiro« in der Via Cavour, in einem der Geschäfte an der Piazza del Duomo oder aber gleich beim traditionsreichen »Pineider« an der Piazza della Signoria. Das sei wirklich etwas Besonderes, schwärmt sie.

Die »Officina Profumo Farmaceutica di Santa Maria Novella« in der Via Scala ist allein schon zum Anschauen einen Besuch wert. Diese Drogerie existiert seit 400 Jahren und befindet sich in einer ehemaligen Kapelle. Hier entdeckt man allerhand nach Geheimrezepten gefertigte Tinkturen, Kosmetika, Seifen und Düfte. Und bei »Francesco« in der Via Santo Spirito erhält man die besten handgefertigten Schuhe.

Der Mercato di San Lorenzo ist der größte Lebensmittelmarkt von Florenz, er befindet sich in einer großen Halle. Man kann Fleischwaren von feinster Qualität einkaufen, köstliche Käsespezialitäten, würzige Oliven sowie gartenfrisches Obst und Gemüse. Außerdem kennt Francesca einen kleinen Schokoladenladen, der wirklich verführerische selbstgemachte Pralinen hat. Kein Besuch in Florenz ohne Zwischenstopp bei ihrem Lieblingschocolatier!

Und dann erwirbt Francesca noch ein Fläschchen Likör von den Zisterziensermönchen der Certosa di Firenze. Dieses einzigartige Gebräu enthält eine raffinierte Mischung aus Kräutern, Blüten sowie Wurzeln und wird gemäß jahrhundertealter Tradition in Wasserdampf über Holzfeuer destilliert. Nach monatelanger Reifung in Eichenfässern füllen die Mönche das Gebräu in Flaschen ab und verkaufen es im Laden der Monaci Cistercensi in der Via della Certosa.

Schon seit Jahrhunderten ist Florenz für seine Juweliere bekannt, die edelsten Läden reihen sich auf dem Ponte Vecchio aneinander. Besonders die Florentiner Silberwaren sind hochbegehrt. Aber Derartiges werden wir nicht kaufen. Francesca meint, sie könne sich das nicht leisten.

Eigentlich wundere ich mich ohnehin, wie Francesca das Leben im teuren Forte dei Marmi bewerkstelligt. Sie verdient nicht übermäßig viel, und auch ihr Mann Ettore wird als Lehrer nicht gerade fürstlich entlohnt. Überhaupt stellte sich sein Berufsleben über viele Jahre hinweg ziemlich prekär dar. Als junger Lehrer erhielt er keine Festanstellung, sondern hangelte sich mit Jahresverträgen von Schuljahr zu Schuljahr. Nie wusste er, was ihn im nächsten Jahr erwartete. Mal ergab sich eine Anstellung in Salerno, im darauffolgenden Jahr ging es hingegen an den Gardasee. Oft wusste er zu Beginn der dreimonatigen Sommerferien im Juni noch nicht, wohin es ihn bei Schulbeginn im September verschlagen würde. Deshalb kann er froh darüber sein, jetzt in Forte dei Marmi eine Festanstellung gefunden zu haben.

Doch der Lebensunterhalt ist kostspielig. Ein Großteil des Geldes geht schon für die monatliche Miete des kleinen Häuschens drauf. Die in Italien exorbitant hohen Energiekosten tun ein Übriges zur Schmälerung der Haushaltskasse. Und wenn ich mich im italienischen Supermarkt so umschaue, stelle ich fest, dass die Lebensmittel dort nicht gerade günstig sind. Als von Discounterpreisen verwöhnte Deutsche muss ich hier oft ganz schön schlucken. Zum Beispiel hat das Olivenöl, ein Grundnahrungsmittel der italienischen Küche, ziemlich deftige Preise. Und an der Qualität darf keineswegs gespart werden, gutes Öl ist beim Kochen schon die halbe Miete.

Francesca kauft ihr Öl aber gar nicht im Supermarkt. Überall gibt es Ölmühlen, die ihre Produkte im Direktverkauf anbieten. Als wir letztens San Gimignano besuchten, hat Francesca sich mit zwei Fünfliterkanistern eingedeckt. Sie holt ihr Öl schon seit vielen Jahren bei einer dortigen Kooperative, ihrer Meinung nach ist es das beste Olivenöl überhaupt. Die Geschmacksunterschiede sind nämlich gravierend. Eine besondere Spezialität ist das frische, noch ganz trübe Öl, das wirklich köstlich schmeckt.

Nicht viel anders sieht es mit dem Wein aus. Den bekommt Francesca ganz in der Nähe der Ölmühle, bei der »Cantina Sociale« in Certaldo. Dieser Winzergenossenschaftsbetrieb verkauft Wein in Flaschen, man kann aber auch mitgebrachte Plastikbehälter befüllen lassen, und das ist wirklich äußerst preiswert. Francesca bevorratet sich gleich mit einem 50-Liter-Behälter. Natürlich geht es auch mit kleineren Gebinden. Zu Hause zieht Francesca den Inhalt des Behälters auf Flaschen ab. Mit erschwinglichem Wein ist sie dann fürs Erste versorgt.

Ihren Grappa kaufen Francesca und Ettore bei Bekannten, die an den Hängen der Apuanischen Alpen wohnen und schwarzbrennen. Gleich nebenan gibt es frische Eier und Geflügel direkt vom Bauern. Deren Nachbar wiederum ist Jäger, bei ihm bekommt man günstig Wildschweinfleisch, Wachteln und Tauben. Und wenn Francesca und Ettore schon einmal in der Gegend sind, befüllen sie gleich mehrere Fünf-Liter-Plastikbehälter mit frischem Wasser aus einer dort oben liegenden Quelle.

Der Küstenstreifen der Versilia zwischen Apuanischen Alpen und dem Meer ist etwa vier Kilometer breit. Dieser Landstrich ist dicht besiedelt, das Bauland in der begehrten Lage ist kostbar. Doch in der Nähe der großen Straßen, der Autobahn und der Via Aurelia, gibt es auch noch ausgedehnte landwirtschaftliche Flächen. Hier haben Francesca und Ettore ein kleines Stück Land gepachtet und betreiben eine Art Schrebergarten. Das Fleckchen Erde versorgt sie mit frischen Tomaten, Auberginen, Paprika, Zucchini, Zwiebeln, Knoblauch, Kräutern und Salat. Es gibt auch einen Feigenbaum, dessen üppigen Ertrag Francesca zu köstlicher Feigenmarmelade verarbeitet. Und aus den Tomaten, die im Herbst noch nicht richtig ausgereift sind, macht sie Grüne-Tomaten-Marmelade. Das übrig bleibene Gemüse legt sie für den Winter in Olivenöl ein. Daheim auf ihrer Terrasse stehen ein paar Zitronenbäumchen in Terracottatöpfen, die Francesca und Ettore rund ums Jahr frische Zitronen schenken. Und Käse bringt Francesca von ihren Ausflügen nach Certaldo mit, denn hier kennt sie eine Bäuerin, die hervorragenden Pecorino macht und preiswert verkauft. Man muss sich eben zu helfen wissen.

Wenn mal eine Reparatur fällig wird, weiß immer irgendjemand, wo sich der entsprechende Handwerker finden lässt. Und der hilft für kleines Geld, denn wer braucht schon eine Rechnung?

Für die besonderen Dinge – Florentiner Papier, Mönchslikör oder Schokolade – gibt Francesca dann auch gerne mal ein bisschen mehr aus. Bei allen übrigen Sachen, die sie so braucht, weiß sie, wo es die günstig zu kaufen gibt. Und das ist ganz bestimmt nicht im Supermarkt.

Verdure sott'olio – Gemüse in Öl

Zutaten:

2 kleine Zucchini
2 kleine Auberginen
2 rote Paprika
2 gelbe Paprika
½ Blumenkohl
100 g Perlzwiebeln,
8 Knoblauchzehen
2 Zitronen
4 Rosmarinzweige
6 Thymianzweige
500 ml Olivenöl
1 Tl Zucker
Salz, Pfeffer

Zubereitung:

Zucchini und Auberginen waschen und in Scheiben schneiden. In heißem Olivenöl goldbraun braten, mit Salz und Pfeffer würzen.

Den Blumenkohl in Röschen teilen und in siedendem Salzwasser 15 Minuten kochen, gut abtropfen lassen.

Die Paprika entkernen, in breite Streifen schneiden, mit der Hautseite nach oben auf ein eingeöltes Backblech legen. Zwiebeln und Knoblauch schälen und dazulegen. Bei 180°C 15 Minuten backen. Danach die Paprika 5 Minuten mit einem feuchten Tuch bedecken, anschließend die Haut abziehen und entfernen.

Nun sämtliches Gemüse schichtweise mit Rosmarin- und Thymianzweigen in ein großes Einmachglas füllen. Die Zitronen auspressen, den Saft mit dem restlichen Olivenöl, Zucker, Salz und Pfeffer vermischen, das Glas damit auffüllen, verschließen und in einem Topf mit Wasser bei schwacher Hitze 30 Minuten köcheln lassen.

Im verschlossenen Glas hält sich das Gemüse mehrere Wochen. Man serviert es mit Käse, Salami, Parmaschinken, Oliven und Weißbrot. Das Öl verwendet man als Salatöl weiter.

David – der schönste Mann Italiens

So bin ich also nach vielen Jahrzehnten endlich wieder bei David angekommen. Ich hatte ganz vergessen, wie groß er ist. Die Kopien sind natürlich genauso groß, aber sie stehen im Freien und verlieren ihre Dimensionen in der Relation zu den umliegenden Gebäuden und zur Weite des Himmels. Wie er da so unter seiner Lichtkuppel steht, wirkt er schon recht beachtlich mit seinen 5,17 Metern Größe. Die vielen Museumsbesucher, die sich ehrfürchtig um ihn herumscharen, erscheinen dagegen wie Liliputaner.

Außerdem beeindruckt das Original durch seine Reinheit und Perfektion. Die beiden Florentiner Kopien haben durch Wetter, Abgase und Taubenexkremente gelitten und eine Patina angesetzt. Doch Michelangelos David ist makellos und glatt, von strahlend weißem Carraramarmor, ohne jeden verfärbenden Einschluss. Er sieht fast unwirklich aus.

Entspannt steht der schöne Jüngling auf seinem Sockel. Die Steinschleuder hat er lässig geschultert, und nur dank der kräftigen Muskeln und der auf den Händen stark hervortretenden Adern kann man seine Kampfbereitschaft erahnen. Das ins Auge fallende Sixpack lässt so manchen Bodybuilder vor Neid erblassen. Der Blick scheint auf einen fernen Punkt fokussiert, die Lockenfrisur ist ein wenig ungezähmt und erzählt von der ungestümen Wildheit der Jugend. Gleichzeitig wirkt David in seiner verletzlichen Nacktheit unverdorben und frei von jedem Arg. Keine Frage, er ist ein Held, kein

Bösewicht. Aber er wird sich auch nichts bieten lassen, er weiß sich zu schützen.

Würde man David auf Augenhöhe begegnen, wäre man erstaunt über die unrealistisch aufgewölbten Proportionen seiner Stirnfalten. So von unten betrachtet wirken sie aber ganz natürlich. In Kleinigkeiten wie dieser zeigt sich das wahre Genie seines Erschaffers, Michelangelo Buonarroti. Denn der hat keineswegs einen Menschen eins zu eins in Stein gehauen, er hat vielmehr die Perspektive des tiefer unten stehenden Betrachters dabei ganz genau berechnet und in sein Werk mit einbezogen. Aus dem gleichen Grund sind Hände und Kopf unverhältnismäßig groß. Ursprünglich sollte die Statue nämlich sogar einen noch erhabeneren Platz erhalten, in großer Höhe außen am Domchor der Kirche Santa Maria del Fiore. Die dadurch im Auge des Betrachters bedingte perspektivische Verzerrung gedachte Michelangelo geschickt auszugleichen.

Doch die Signoria, die regierende Ratsverwaltung der Stadt, überlegte es sich anders und ließ den fertigen David vor dem Palazzo Vecchio aufstellen. Das erregte freilich heftigen Protest. Wütende Steinewerfer bombardierten die Statue, Wachen mussten bereitgestellt werden, um Schaden von ihr abzuwenden. Und das, obwohl Michelangelo die äußeren Geschlechtsmerkmale seines David – wiederum unproportioniert – fast schon kümmerlich klein gehalten hatte.

Doch so etwas kannte man im Florenz des Jahres 1504 einfach nicht. Michelangelos David war die erste Kolossalstatue – also die überlebensgroße Darstellung eines Menschen – seit dem klassischen Altertum. Alle bisherigen Abbilder der biblischen Figur zeigten zudem einen kleinen und schmächtigen David, der den Sieg über Goliath bereits errungen hat, zum Beweis liegt ihm der abgeschlagene Kopf des Riesen zu

Füßen. Niemand hatte es bisher gewagt, David als jugendlichen Helden darzustellen, athletisch, muskulös und siegesgewiss, in fast schon überheblicher Pose angesichts des bevorstehenden Kampfes. In seiner körperlichen Schönheit konnte dieser David nur mit Götzenbildern der Antike verglichen werden. Michelangelos Werk stellte deshalb eine außerordentliche Provokation dar.

Und der Meister hatte es damit keineswegs leicht gehabt. 1475 kam er im Dorf Caprese in der toskanischen Provinz Arezzo zur Welt, anschließend wuchs er in Florenz auf. Nach dem Studium der Freskenmalerei besuchte er die Kunstschule des Lorenzo de' Medici, einem großen Humanisten und Förderer der schönen Künste. Als nach Lorenzos Tod der schöngeistige Aufbruch der Renaissance in Florenz unter dem Moralapostel Savonarola zum Erliegen zu kommen drohte, emigrierte Michelangelo nach Rom und kam dort mit Werken wie der Pietà als Bildhauer zu Ruhm.

1501 kehrte er nach Florenz zurück. Savonarola war inzwischen hingerichtet worden, die Pracht der Renaissance blühte wieder auf. Beschwingt und inspiriert vom allgemeinen künstlerischen Aufbruch gedachten die Herren der Wollweberzunft, nun endlich etwas Sinnvolles mit dem riesigen Marmorblock anstellen zu lassen, der bereits seit mehr als 30 Jahren im Domgarten herumlag. Schon zwei Bildhauer hatten sich an dem kostbaren Brocken versucht, beide gaben irgendwann entnervt wieder auf. Wie wir bereits erfahren haben, lehnte Leonardo da Vinci den Auftrag rundheraus ab.

Keiner wusste nun so recht, was man mit dem grob behauenen Klotz machen sollte. Doch dann trat Michelangelo auf den Plan. Sinngemäß soll er einmal auf die Frage, wie er seine ungeheuer lebensechten und gefühlstiefen Skulpturen erschaffe, geantwortet haben, das stelle kein Problem dar, denn die Statuen seien doch schon da. Er müsse lediglich das überflüssige Gesteinsmaterial drumherum entfernen.

Heute vermutet man, dass David den linken Arm anwinkeln musste, weil die vor Michelangelo mit dem Marmorblock befassten Dilettanten zu wenig Volumen für einen herabhängenden Arm übrigließen. Vielleicht legten sie auch die Arbeit nieder, als sie diesen Fehler erkannten. Michelangelo aber verstand es, aus der Not eine Tugend zu machen und der Figur mithilfe des angewinkelten Arms gerade erst ihre lässig-kampfbereite Dynamik zu verschaffen.

Schockierte der freizügige Schönling auch zunächst so manchen Bürger der Stadt, so überwog doch schnell die Zahl der begeisterten Fans des Meisterwerks. David geriet zum Sinnbild des freien und unabhängigen Florenz. Welche Katastrophe, wenn ihm ein Leid geschähe!

Doch fatalerweise widerfuhr ihm schon bald genau das. In Florenz herrschten heftige politische Unruhen, bis es 1512 den Medici gelang, die Herrschaft wieder an sich zu reißen. Im Zuge des damit verbundenen allgemeinen Aufruhrs flog eine Bank aus einem Fenster des Palazzo Vecchio und zertrümmerte den angewinkelten Arm des David. Erst 30 Jahre später gelang die vollständige Reparatur mit den Bruchstücken, die sorgsam aufbewahrt worden waren.

Im 19. Jahrhundert schaffte man David dann in den eigens für ihn errichteten Kuppelraum der Galleria dell'Accademia, in dem er noch heute steht. Die Jahrhunderte, in denen die kostbare Statue unter freiem Himmel stand und Regen, Temperaturschwankungen und Vogelexkrementen ausgesetzt war, hatten ihr zu großen Schaden zugefügt. Man polierte sie sorgfältig auf, stellte eine Kopie vor den Palazzo Vecchio und wiegte sich im Glauben, nun könne dem David keinerlei Unbill mehr zustoßen.

Doch 1991 schlug ihm ein Museumsbesucher mit dem Hammer einige Stücke aus dem Fuß, bevor die Sicherheitskräfte den Zerstörungswütigen überwältigen konnten. Davids makellose Schönheit scheint immer wieder Neider auf den Plan zu rufen. Denn schon im 19. Jahrhundert nahmen seine Füße zweimal durch Vandalismus Schaden.

Doch stets hat man ihn nach den Angriffen wieder sorgfältig restauriert. Die letzte große Generalüberholung gab es 2003. Mit weichen Papiertüchern und destilliertem Wasser wurde er einer sanften Ganzkörperwaschung unterzogen. Und zwar ganze acht Monate lang, sodass auch wirklich kein Staubkörnchen übrig blieb. Um es in Zukunft einfacher zu haben, entstaubt man den ewig jungen Adonis jetzt alle sechs Monate. Auf dass er auch in vielen Jahrzehnten noch so strahlend frisch erstrahlen möge wie heute.

Biscotti Fiorentini – Florentiner Plätzchen

Zutaten:

250 ml Sahne
125 g Zucker
2 Pck. Vanillezucker
150 g Mandelblättchen
150 g Haselnussblättchen
100 g Haferflocken
je 1 El abgeriebene Schale einer unbehandelten Zitrone und Orange
80 g Butter
50 g Speisestärke
1 El Zimt
1 Tl Kardamom
1 Prise Nelkenpulver
1 Prise geriebene Muskatnuss
150 g Zartbitterkuvertüre
½ Tl Salz

Zubereitung:

Die Sahne mit Zucker, Gewürzen, Salz, Vanillezucker, Zitronen- und Orangenschale sowie der Butter in einem Topf erhitzen. Unter Rühren kurz aufkochen, dann vom Herd nehmen und Mandeln, Nüsse, Haferflocken sowie Speisestärke gut unterrühren. 20 Minuten quellen lassen, danach erneut rühren.

Ein Backblech mit Backpapier auslegen, mit dem Esslöffel kleine Häufchen der Masse daraufsetzen und jeweils leicht flach drücken. Den Backofen auf 180°C vorheizen und die Plätzchen mit Umluft ca. 15 Minuten backen. Sie sollen nicht zu dunkel werden.

Auf einem Rost abkühlen lassen und währenddessen die Kuvertüre im Wasserbad schmelzen. Die Unterseite der vollständig abgekühlten Florentiner mit der Kuvertüre einpinseln, trocknen lassen und in einer gut verschließbaren Dose aufbewahren.

Das beliebte Weihnachtsgebäck wurde von einem Florentiner Bäcker erfunden.

Alte Würde kann nichts erschüttern – ein Spaziergang durch Florenz

Nach meinem Besuch bei David bleibt mir noch etwas Zeit und so beschließe ich, durch Florenz zu schlendern. Francesca ist noch auf den Mercato delle Pulci gegangen, den berühmten Trödelmarkt von Florenz auf der Piazza dei Ciompi. Hier gibt es allen möglichen Krimskrams, aber auch wertvolle Stücke, Schmuck, Tafelsilber, Münzen, alte Drucke, Porzellan, Gemälde und Antiquitäten. Francesca hat schon so manche dekorative Kleinigkeit für ihr Zuhause hier entdeckt. Und auch ich besuche diesen Markt gerne, gibt es doch kaum einen anschaulicheren Weg, Einblick in die Kultur der Florentiner zu erhalten. »Mercato delle Pulci« heißt übersetzt einfach nur »Flohmarkt«, es gibt mehrere davon in Florenz, doch der beste ist und bleibt der auf der Piazza dei Ciompi. Er ist täglich von 7 bis 19:30 Uhr geöffnet, es bietet sich also immer genug Zeit für einen ausgedehnten Besuch.

Aber heute habe ich keine Lust dazu. Ich spaziere von der Galleria dell'Accademia durch die Straßen der Altstadt in Richtung Dom, es sind die Wege, die alle Touristen einschlagen. Vor 20 Jahren, als ich Florenz mit meinem damaligen Collie besuchte, traf ich hier einen Mexikaner, der mich wenige Tage zuvor in Venedig wegen meines Hundes angesprochen hatte. Die Welt der Touristen in Italien ist manchmal sehr klein.

Wie ich jetzt so durch die würdevollen alten Gassen gehe, die gerahmt von hohen Renaissancebauten in Richtung Piazza del Duomo führen und vom bunten Gewusel der vielen Menschen aus aller Welt gänzlich unbeeindruckt scheinen, denke ich an meinen ersten Besuch in dieser Stadt zurück.

Damals war ich 13 Jahre alt, und meine Eltern kannten eine Dame, die in einer beeindruckenden Villa lebte. Das Anwesen lag ein bisschen außerhalb in den grünen Hügeln am nördlichen Stadtrand, versteckt hinter hohen Steinmauern. Ein Florentiner Landhaus wie aus dem Bilderbuch, mit großem, im italienischen Stil angelegten Garten und hohen Flügeltüren, die sich von den Wohnräumen dorthin öffneten. Im Salon stand ein riesiger Flügel, die Dame war nämlich eine Urenkelin des Komponisten Johann Nepomuk Hummel. Mich beeindruckte dieser gediegene Haushalt des gehobenen Bürgertums einer vergangenen Epoche zutiefst.

Selbstverständlich bestand das Begleitprogramm des damaligen Florenzbesuchs aus den üblichen Besichtigungen. Wir besuchten nicht nur David, Dom, Ponte Vecchio und Piazzale Michelangelo, sondern natürlich auch die Uffizien. Damals erhielt man dort noch völlig ohne jede Wartezeit Zutritt. Mit der großartigen Kunst, die in diesem Museum ausgestellt ist, haben wir uns schon befasst. Besonders die beiden berühmten Bilder Botticellis haben mich mit ihrer mystischen Schönheit schon damals fasziniert. Ich muss allerdings gestehen, dass die düstere Kirchenkunst, mit der die Uffizien zu weiten Teilen gefüllt sind, mich als Dreizehnjährige nicht gerade mit Begeisterung erfüllen konnte.

Wie anders wirkt da der Dom mit seiner farbenprächtigen Fassade! Das Bauwerk ist mit rotem, grünem und weißem Marmor geschmückt und mit einer üppig verzierten Fassade versehen. Die gewaltige rote Kuppel Brunelleschis gilt als architektonisches Meisterwerk ihrer Zeit. Passend zum Dom entwarf Giotto den 85 Meter hohen Glockenturm. Das zugehörige Baptisterium ist schon älter, es wurde auf den Grundmauern eines römischen Bauwerks errichtet, vermutlich handelte es sich dabei um einen Tempel. Außergewöhnlich prachtvoll sind seine vergoldeten Bronzeportale aus dem 14. und 15. Jahrhundert, die in plastischen Darstellungen Szenen aus der biblischen Geschichte zeigen. Zur Zeit ihrer Entstehung verkörperten diese Portale eine bemerkenswerte Besonderheit, denn Bronze kannte man gar nicht mehr. Während der Antike ein gängiges Material, geriet Bronze im Mittelalter völlig in Vergessenheit. Die Kunst der Bronzegießerei musste deshalb völlig neu erarbeitet werden, als sie in der Epoche der Renaissance wiederentdeckt wurde.

Weiter geht es in Richtung Arno über die Piazza della Signoria, an der neben dem Neptunbrunnen der imposante Palazzo Vecchio liegt. Er war Sitz der regierenden Signoria und damit Zentrum der weltlichen Macht von Florenz. In ihm befindet sich der »Saal der Fünfhundert«, eine 53 x 22 Meter große Halle, die auf Wunsch des Dominikaners Savonarola angelegt wurde. Er beabsichtigte, Florenz mit harter Hand und unterstützt durch 500 handverlesene Ratsmitglieder zu regieren, die in diesem Saal zusammenkommen sollten. Daraus wurde freilich nichts, denn Savonarola wurde vorher entmachtet und hingerichtet.

Dem zum Trotz wollte man den Saal prachtvoll ausgestalten, wo er doch nun schon einmal existierte. Ein Wettstreit zwischen den beiden größten damals lebenden Künstlern wurde ausgerufen – Leonardo und Michelangelo. Beide sollten jeweils eine der Längsseiten des Saals mit kolossalen Fresken versehen. Doch Künstler sind sprunghafter Natur. Leonardo verlor auf halbem Weg die Lust und stellte die Arbeit kurzerhand ein. Michelangelo kam über die Entwurfsphase gar nicht erst hinaus. Giorgio Vasari, Maler und Architekt aus Arezzo, nahm sich in der 2. Hälfte des 16. Jahrhunderts des verwaisten Saales an, welcher die ihm anfangs zugedachte Funktion ohnehin niemals mehr erfüllen sollte.

Neben dem Palazzo Vecchio liegt die Loggia dei Lanzi, ein Arkadenbau, der ursprünglich für öffentliche Kundgebungen errichtet wurde. Er ist mit einigen Statuen im klassischen Stil geschmückt – ein paar davon sind sogar tatsächlich altrömisch – und diente als Vorbild für die Münchener Feldherrenhalle.

Nun lasse ich mich vom Strom der Touristen weiter mitziehen bis zum Ponte Vecchio. Wie immer quillt die berühmte Brücke über vor Besuchern. Sie steht seit 1345 an der Stelle einer alten etruskischen Brücke und ist mit Häusern bebaut. Die Stadtplaner verstanden es wohl schon zur damaligen Zeit, den so begrenzten wie begehrten innerstädtischen Raum optimal zu nutzen. Ursprünglich reihten sich hier die Fleischerläden aneinander, aus denen die Abfälle praktischerweise gleich in den unten hindurchfließenden Arno geworfen wurden. Dazu gesellten sich Gerbereien, deren uringetränkte Rohmaterialien im Fluss ausgewaschen wurden. Diese allgemeine Stinkerei inmitten der Stadt erregte allerdings zunehmend das Missfallen der Bürger. 1565 wurden Gerber und Schlachter ausquartiert, seit dieser Zeit gibt es nur noch Juweliere in den Ladenlokalen auf der Brücke. Deren Tätigkeit verursacht nämlich keinerlei Geruchsemissionen.

Hier endlich treffe ich Francesca. Sie hat auf dem Flohmarkt für relativ kleines Geld vier alte Silberbecher ergattert. Also doch Silber! Strahlend dreht sie eins der Stücke in der Hand. Es stammt von einem traditionsreichen Florentiner Silberschmied, wie der Stempel beweist. Offensichtlich hat sie wieder einmal ein echtes Schnäppchen gemacht!

Bistecca alla Fiorentina

Zutaten für vier Personen:

ein ca. 1.300 g schweres, 6 cm dickes und gut abgehangenes Porterhouse- oder T-Bone-Steak aus dem ganzen Zwischenrippenstück geschnitten (mit Filet, Knochen und Roastbeef, idealerweise vom Chianina-Rind)
Saft einer Zitrone
bestes Olivenöl
schwarzer Pfeffer aus der Mühle
Salz

Zubereitung:

Das Fleisch waschen, trocken tupfen, ringsum mit Zitronensaft beträufeln, pfeffern und salzen. Einen Holzkohlegrill gut anheizen, sodass er sehr viel Hitze entwickelt. Anschließend das Steak von jeder Seite 5 Minuten lang grillen. Dann auf ein Holzbrett mit Ablaufrinne legen und sofort mit Alufolie abdecken. 5 Minuten ruhen lassen, anschließend mit Olivenöl beträufeln, noch einmal Pfeffer darüber mahlen und servieren. Zum Verzehr quer zum Knochen nicht zu breite Scheiben abschneiden.

Nach Belieben Rucola darüberlegen und Zitronenachtel dazu reichen. Dazu passen Salat aus weißen Bohnen, gemischter Salat, grüne Bohnen, Rosmarinkartoffeln und/oder Ciabattabrot.

Chianina-Rinder sind die größte und eine der ältesten Rinderrassen der Welt. Es gibt sie schon seit etruskischer Zeit. Sie sind nach dem Tal des Flusses Chiana benannt, der in der Nähe von Arezzo entspringt und durch die Provinz Siena in Richtung Umbrien fließt.

Gold und Vasen – der Reichtum von Arezzo

Vor der Rückreise nach Deutschland habe ich mir noch eine Terracotta-Vase für die heimische Terrasse gekauft. Das gute Stück ist mit einer glänzend rostroten Glasur überzogen und weist ein prächtiges Relief auf, das Menschen zeigt, die Körbe voller Weintrauben tragen. Es erinnert an altrömische Keramikarbeiten, so wie man sie aus dem Museum kennt.

Die Vase war zwar nicht gerade billig, aber Francesca meint, die Investition würde sich lohnen. Denn es handle sich immerhin um eine echte Terra Sigillata, meine Vase sei somit ein direkter Nachfahre des römischen Tafelgeschirrs.

Es geschah im ersten vorchristlichen Jahrhundert, als eine Töpferwerkstatt in Arezzo – damals noch Arretium genannt – damit begann, ihre Produkte mit Reliefmustern zu verzieren und danach in feinen Tonschlamm zu tunken. Während des daraufhin erfolgenden fünftägigen Brennens bei anhaltenden Temperaturen von rund 950° Celsius festigte sich nicht nur die Töpferware, der äußere Tonschlamm oxidierte und bildete schließlich eine glänzende, wasserundurchlässige Glasur. Je nach Eisengehalt des Tonschlamms variierte die Farbe dabei zwischen Dunkelrot und leuchtendem Orange.

Die Reliefs zu erzielen, stellte sich allerdings als nicht ganz so einfach dar. Dazu musste man erst einmal eine dickwandige Form herstellen, in die man die gewünschten Muster als Negativ eindrückte. Nach dem Brennen ließen sich in dieser Form aber zahlreiche Exemplare des gewünschten Gefäßes herstellen. Diese wurden dafür zunächst auf einer Töpferscheibe vorgefertigt und dann in die Form gepresst, um die Reliefwirkung zu erzielen. Schließlich mussten sie noch einmal auf der Töpferscheibe nachbearbeitet werden, um die gewünschte endgültige Gestalt herauszuarbeiten und vielleicht noch einen Fuß oder einen speziellen Rand hinzuzufügen.

Die neue Tafelgeschirrmode aus Arezzo fand schnell Anhänger unter den wohlhabenden römischen Familien im ganzen Reich. Das Geschirr erwies sich als praktisch – weil wasserabweisend – und zudem ausgesprochen ästhetisch. Es traf genau den Geschmack des damaligen Zeitgeists.

Doch wo immer sich ein großer Markt für eine Ware auftut, finden sich schnell Nachahmer, die am Geschäft teilhaben wollen. Die Töpfer aus Arezzo versahen ihre Gefäße zwar mit Herkunftssiegeln, das konnte aber nicht verhindern, dass auch andere Werkstätten in die Produktion einstiegen. Die Terra Sigillata verbreitete sich im ganzen Reich, von Südfrankreich bis in den Norden Galliens und ins heutige Schwabenland, nach Südengland und außerdem in die Länder des Orients.

Noch heute werden in Arezzo die echten »Aretiner Vasen« hergestellt. Denn man hat die mehr als zweitausendjährige Tradition durch die Jahrhunderte bewahrt. Aretiner Vasen sind nach wie vor ein wertvolles Qualitätsprodukt. Überhaupt schätzt man in Arezzo hochwertige Dinge. Die Stadt zeigt schon rein äußerlich, dass sie Wert auf das Besondere legt. In ihrem mittelalterlichen Kern reihen sich vornehme Adelshäuser, Palazzi der wohlhabenden Kaufleute und prachtvolle Kirchen aneinander. Da sieht man gleich: Hier wohnt Geld! Und das offensichtlich schon seit langer Zeit.

Denn Arezzo kam nicht nur wegen seiner Vasen zu Reichtum. Noch bekannter wurde die Stadt dank ihrer Goldschmiede. Die ziselierten ihren Schmuck so fein, dass er Arezzo hochberühmt für die prachtvollen Geschmeide machte, die hier entstanden. Und noch immer entstehen. Nach wie vor gibt es hunderte von Handwerksbetrieben in Arezzo, hier werden Monat für Monat sage und schreibe an die zehn Tonnen Gold verarbeitet.

Aber die Touristen kommen nicht nur nach Arezzo, um Schmuck und Töpferwaren einzukaufen. Die meisten kommen, weil sie die weltberühmten Fresken des Piero della Francesca betrachten möchten. Diese verbergen sich hinter der schlichten Backsteinfassade einer Franziskanerkirche aus dem 14. Jahrhundert. Ein Jahrhundert nach Vollendung des Baus bemalte della Francesca dessen Innenwände mit dem opulenten Freskenzyklus »Legende vom Wahren Kreuz«, einer Bildergeschichte, die vom Tod Adams bis zum Einzug des byzantinischen Kaisers Herakleios in die Stadt Jerusalem im Jahr 628 reicht. Letzteres Ereignis ging mit der »Rückführung des Kreuzes« in die damals von Persern besetzte Stadt einher. Die Perser hatten nämlich bei ihrer Eroberung Jerusalems das Kreuz Christi mitgehen lassen, Herakleios besiegte sie und zwang sie zur Rückgabe der Reliquie. Das Kreuz ging dann später bei einer anderen Schlacht wieder verloren, aber das wird nun wohl zu kompliziert. Piero della Francesca hat davon im Übrigen auch nichts mehr gemalt.

Schlendert man dann, nachdem man den Bilderzyklus hinlänglich auf sich hat wirken lassen, wieder durch die Straßen der Altstadt, so erscheint manchem Spaziergänger die eine oder andere Ecke vielleicht unwillkürlich vertraut. Das mag daran liegen, dass Roberto Benigni seinen hochgelobten Film »Das Leben ist schön« zu großen Teilen hier in Arezzo gedreht hat.

Einer der berühmtesten Söhne der Stadt ist übrigens der Dichter Francesco Petrarca, der Mitbegründer des Humanismus ist und dessen Werke der Renaissance entscheidende Denkanstöße gaben. Er gilt als einer der Wegbereiter bei der Entwicklung des christlichen Abendlandes vom Mittelalter zur Neuzeit. Und ganz nebenbei bewundert man ihn auch als Vater aller Bergsteiger, seit er 1336 den südfranzösischen Mont Ventoux erklomm. Neben Dante Alighieri und Giovanni Boccaccio ist Francesco Petrarca einer der wichtigsten Literaten Italiens.

Arezzo ist eine schöne und sehenswerte Stadt. Kaum verständlich, dass sie weit weniger besucht wird als die anderen Kunststädte der Toskana. Ich jedenfalls werde mein Erinnerungsstück an Arezzo, die schöne Aretiner Vase, in Ehren halten. Immer wenn ich die Traubenträger auf dem Relief betrachte, werde ich an die Stadt denken. Ob diese Leute die Trauben zum Keltern bringen? Sie machen doch sicherlich Wein daraus, was auch sonst? Denn Wein ist das Lebenselixier der Toskana.

Pollo d'Arezzo – Hähnchen aus Arezzo

Zutaten für 4 Personen:

2 kleine Brathähnche
2 Chilischoten
4 Knoblauchzehen
Saft einer Zitrone
10 Blätter Salbei
4 Zweige Rosmarin
8 Zweige Thymia
100 ml Olivenöl
grobes Meersalz
Salz, Pfeffer

Zubereitung:

Die Hähnchen waschen, trocken tupfen und putzen. Anschließend jeweils längs entlang des Rückgrats und der Brustmitte in zwei Hälften teilen. Die Salbeiblätter waschen und trocken tupfen, Knoblauch schälen, Chilischoten entkernen und alles fein hacken. Das Olivenöl mit dem Zitronensaft, Salz, Pfeffer, Knoblauch, Chili und Salbei gut vermischen und die Hähnchenhälften damit rundum einpinseln. In eine Schüssel legen und die Rosmarin- und Thymianzweige zwischen den Hähnchenhälften verteilen, die restliche Ölmischung darübergießen, abdecken und mindestens 6 Stunden lang im Kühlschrank marinieren lassen.

Den Backofen auf 180°C vorheizen. Die Hähnchenhälften mit der Hautseite nach oben auf ein hohes Backblech legen. Noch einmal reichlich mit dem Öl beträufeln, übriges Salbei, Knoblauch und Chili sowie die Rosmarin- und Thymianzweige darauf verteilen. Zum Schluss etwas grobes Meersalz darüberstreuen. In den Backofen schieben und 45 Minuten backen. Zum Schluss den Backofengrill dazuschalten und noch einmal 5 Minuten grillen, bis die Haut gebräunt ist.

Mit Salat und Ciabattabrot servieren.

Die Kinderstube des Bacchus – Weinanbaugebiete der Toskana

Der Wein ist das wichtigste Getränk Italiens. Bei keiner Mahlzeit darf er fehlen – wenn man vom ohnehin spärlichen Frühstück einmal absieht. Das galt schon immer, denn bereits die Etrusker verstanden sich auf den Anbau und das Keltern von Wein. Woher diese Eisenherren der Toskana einst kamen, weiß man bis heute nicht so recht. Ihre Kultur begann um das Jahr 1000 v. Chr. scheinbar aus dem Nichts aufzublühen. Vielleicht entwickelte sie sich aus der älteren Villanovakultur, möglich ist es aber auch, dass die Etrusker aus Griechenland oder aus Kleinasien in die Toskana einwanderten. Und dort kannte man den Weinbau schon seit Menschengedenken. Denn im Nahen Osten wird Wein seit 9.000 Jahren kultiviert.

Lange bevor die Römer den Wein zum Alltagsgetränk in ihrem Riesenreich machten und ihm damit zu seinem Siegeszug durch Europa verhalfen, wurde also in der Toskana bereits Wein produziert. Es ist deshalb kaum verwunderlich, dass sich hier die berühmtesten Weinanbaugebiete Italiens befinden.

Die beliebteste Traubensorte der Toskana ist die Sangiovese. Auch sie gedeiht schon seit etruskischer Zeit. Sangiovese reift spät, ist kräftig rot und recht empfindlich. Deshalb existieren zahlreiche regionale Unterarten, je nach klimatischen Bedingungen und Bodenbeschaffenheit. Ihre Aromenvielfalt hat sie zur Edelrebe erhoben, sie ist nicht nur die wichtigste Traube im Chianti, sondern auch die maßgebliche Basis des Vino Nobile de Montepulciano. Für den kostbaren Brunello di Montalcino wird sie sogar sortenrein verwendet.

Die Weinanbaugebiete der Toskana unterteilen sich in acht DOCG, also Regionalweine mit kontrollierter und garantierter Ursprungsbezeichnung. Diese Qualitätsstufe ist noch strenger reglementiert als die Angabe DOC, die ebenfalls einen geschützten Ursprung kennzeichnet. Im Rahmen der EU-Weinmarktreform wurden die beiden Bezeichnungen 2009 unter der Abkürzung DOP zusammengefasst, die traditionellen Klassifizierungen genießen aber Bestandsschutz und dürfen weiterverwendet werden.

Das hört sich nun alles ziemlich bürokratisch an. Werfen wir also lieber einen Blick auf die einzelnen Regionen und ihre typischen Weine.

Es gibt eine Vielzahl von Weinen in der Toskana, und von so manchem haben Sie vielleicht noch nie gehört. Denn wer weiß schon von Montecucco, Pietraviva oder Bianco di Pitigliano?

Jeder kennt hingegen den Chianti, doch alleine davon gibt es neun verschiedene Unterbereiche. Das Chianti-Gebiet liegt im Herzen der Toskana und erstreckt sich vom Süden der Provinz Florenz über den Nordosten der Provinz Siena bis zum Westen der Provinz Arezzo. Kernland ist das Chianti Classico zwischen den Chianti-Bergen im Osten und dem Val d'Elsa sowie dem Val di Pesa im Westen. Diese Kernregion hat ihre eigene DOCG-Klassifizierung. Wenngleich der Chianti durch billige Massenproduktionen in den Sechziger- und Siebzigerjahren des letzten Jahrhunderts ziemlich in Verruf geriet, so hat er sich doch inzwischen dank engagierter Winzer längst wieder zu einem hervorragenden Rotwein entwickelt.

Im Süden der Provinz Siena liegt das Anbaugebiet des Brunello di Montalcino. Er ist einer der begehrtesten Rotweine Italiens, denn er wird nach strengsten Regeln hergestellt, sortenrein aus der Brunello-Traube, die wiederum eine Spielart der Sangiovese ist. Nicht nur der Ausbau des Brunello ist strikten Regeln unterworfen, auch der Ertrag pro Hektar Land ist genau begrenzt. Die Winzer aus der Gegend von Montalcino stellen darüber hinaus den Rosso di Montalcino her, der nicht so lange wie ein Brunello lagern muss und daher auch deutlich günstiger verkauft werden kann. Denn ein hervorragender Brunello erreicht leicht Preise im dreistelligen Euro-Bereich.

Nur wenige Kilometer trennen die Weinbauregion Montalcino vom östlich gelegenen Montepulciano. Hier keltert man Vino Nobile, den »vornehmen Wein«. Diesen Namen verdankt der edle Tropfen wohl Papst Paul III., der aus Montepulciano stammte und deshalb seinen päpstlichen Hof ausschließlich mit diesem Wein beliefern ließ. Wie im benachbarten Montalcino gibt es auch in Montepulciano eine erschwinglichere Variante, den Rosso di Montepulciano.

Das sind die bekanntesten Rotweine der Toskana, ihr berühmtester Weißwein stammt aus San Gimignano und heißt Vernaccia, genau wie die Rebsorte, aus der er zu 90 Prozent gekeltert wird. Man trinkt ihn jung, er ist blass goldgelb, mild, süffig und nicht zu teuer.

Montecucco ist eine Weinregion in der Maremma, sie liegt südlich von Montalcino. Hier gibt es Rotwein aus Sangiovese-Trauben und Weißwein aus Vermentino, einer Rebsorte, die einen intensiven, trockenen und leicht bitteren Wein ergibt. Im Süden der Toskana liegt auch das Weingebiet Morellino di Scansano, die dortige Variante der Sangiovese-Traube heißt nämlich Morellino. Ihr Rotwein ist rubinrot, duftet nach Blumen und schmeckt trocken, dabei auch leicht tanninbetont.

Und außerdem gibt es noch Carmignano, so heißt das Anbaugebiet der Provinz von Prato im Norden der Toskana. Dort entstehen Rotwein und Rosé, wobei auch dabei die Sangiovese den höchsten Anteil an der Mischung hat.

Aber im DOCG-Gebiet von Carmignano keltert man auch den Dessertwein Vin Santo, eine Spezialität, die aus den luftgetrockneten und teilrosinierten weißen Trauben der Sorten Trebbiano und Malvasia hergestellt wird. Dieser Wein ist meist sehr süß, es gibt aber auch trocken ausgebaute Varianten, die ähnlich wie Sherry schmecken. Traditionell taucht man die toskanischen Cantuccini oder die Biscotti di Prato vor dem Verzehr in Vin Santo. Ein Gläschen Vin Santo passt aber auch hervorragend zu würzigem Käse und ist aus vielen toskanischen Rezepten nicht wegzudenken. Außer im Carmignano wird Vin Santo noch im Val d'Arbia, das zum Anbaugebiet des Brunello gehört, und im Chianti gekeltert. Das sind die DOC-registrierten Anbaugebiete, daneben produziert auch noch so mancher toskanische Winzer seinen eigenen, nicht herkunftsregistrierten Vin Santo.

Bei uns bekommt man Vin Santo meist nur in ausgewählten Fachgeschäften. Vielleicht sollte ich ja vor meiner Heimreise noch die Stadt Prato besuchen und mich dort mit ein paar Fläschchen Vin Santo eindecken!

Focaccia

Zutaten:

400 g Weizenmehl
100 g Hartweizengrieß
½ Pck. frische Hefe
100 ml Olivenöl
2 Thymianzweige
1 Rosmarinzweig
2 Zweige Oregano
1 El grobes Meersalz
1 Tl Zucker
1 Tl Salz

Zubereitung:

Die Hefe mit dem Zucker in einer Tasse mit einer Gabel zerdrücken, bis die Hefe flüssig geworden ist. Mehl, Grieß, ca. 70 ml des Olivenöls, 1 Tl Salz und die flüssige Hefe in eine Schüssel geben und miteinander verkneten, dabei so lange lauwarmes Wasser hinzugeben, bis ein geschmeidiger Teig entstanden ist. Noch weitere 5 Minuten kräftig durchkneten, dann mit einem Tuch abdecken und 1 Stunde lang an einem warmen Ort gehen lassen.

Danach noch einmal durchkneten und einen runden Fladen daraus formen, der auf ein Backblech passt. Das Backblech mit Backpapier auslegen und den Fladen darauf platzieren. In die Oberfläche des Fladens mit dem Finger etliche Vertiefungen drücken und das restliche Olivenöl dort hineinträufeln. Rosmarinnadeln sowie Thymian- und Oreganoblättchen von den Stielen lösen und zusammen mit dem Meersalz auf dem Fladen verteilen. Wieder mit einem Tuch abdecken und noch einmal 20 Minuten gehen lassen. Den Backofen auf 220°C vorheizen und den Fladen dann ca. 30 Minuten backen, bis die Oberfläche goldbraun ist.

Focaccia genießt man zu Antipasti, zum Wein, zu Käse oder als Brotbeilage zum italienischen Hauptgericht.

Italiens Chinatown – Prato

Ich staune nicht schlecht über Prato, eine Stadt, von der ich bisher nur sehr wenig wusste. Prato liegt etwa 20 Kilometer nordwestlich von Florenz. Es ist eine alte Stadt, vermutlich siedelten schon die Etrusker hier. Das historische Zentrum liegt hinter mittelalterlichen Mauern und ist zum größten Teil Fußgängerzone. Die alten Gebäude sind sehr gepflegt, prunkvolle Monumente erzählen von einer glanzvollen Vergangenheit. So zum Beispiel der schöne Dom mit dem Freskenzyklus von Filippo Lippi – einem Sohn der Stadt – oder die Statuen und Reliefs des Florentiners Donatello. Schicke Bars und Restaurants laden zum Ausgehen ein, noch auffälliger sind aber die vielen Klamottenläden und trendigen Boutiquen. Ganz offensichtlich weiß man hier zu leben.

Tatsächlich weist Prato eine für italienische Verhältnisse fast lächerliche Arbeitslosenquote auf. Die nach Florenz zweitgrößte Stadt der Toskana boomt; im Gegensatz zu manchen anderen Teilen des Landes floriert hier die Wirtschaft. Das beweisen die vielen Luxuskarossen, die man auf den Straßen der Stadt zu sehen bekommt. Wie machen die Leute in Prato das bloß?

Die Antwort haben mir die vielen Bekleidungsgeschäfte der Stadt schon vor die Füße gelegt: Prato ist das Zentrum der italienischen Textilindustrie. Verwundert runzle ich die Stirn. Textilindustrie? Überall in Europa hat doch gerade diese Branche in den letzten Jahrzehnten einen bodenlosen Niedergang erfahren müssen, seit Billigimporte aus Fernost dem hiesigen Schneiderhandwerk den Garaus gemacht haben.

Warum das für Prato nicht gilt, erfahre ich, als ich die Via Pistoiese entlangfahre, die westwärts aus der Stadt hinaus in Richtung Pistoia führt. Mit einem Mal habe ich das Gefühl, schlagartig auf einen anderen Kontinent versetzt worden zu sein. Vielleicht bin ich in ein mysteriöses Wurmloch geraten, das hat mich von den Straßen der würdevollen toskanischen Stadt gerissen und unversehens ganz woanders wieder ausgespuckt – und zwar mitten in China!

Schon in den Achtzigerjahren des letzten Jahrhunderts kamen die ersten Chinesen nach Prato. Die hiesigen Textilbetriebe bestanden zumeist aus winzig kleinen Hinterhofschneidereien, die in einer rechtlichen Grauzone arbeiteten. Nur zu gerne stellten diese Betriebe billige Schwarzarbeiter aus dem Fernen Osten ein. Die Chinesen erwiesen sich als fleißig und zuverlässig, sie kümmerten sich nicht um gesetzlich vorgeschriebene Regelarbeitszeiten, sie lieferten gute Arbeit ab und kosteten darüber hinaus nur einen Bruchteil dessen, was ihre italienischen Kollegen verlangten. Ja, viele Italiener wollten sich ohnehin manche Arbeiten schon gar nicht mehr zumuten.

Im Lauf der Jahre kamen immer mehr Chinesen nach Prato. Und sie eröffneten ihre eigenen Betriebe, oft indem sie die Fabrikgebäude ihrer im Zuge des globalen Wettstreits pleitegegangenen italienischen Ex-Arbeitgeber einfach übernahmen. So kommt es, dass heutzutage mehr als 50.000 Chinesen in Prato leben. Ganz genau weiß man es nicht, denn viele sind illegal eingewandert und deshalb nicht registriert. Das mögen durchaus noch einmal mehrere 10.000 Chinesen sein.

Es gibt rund 5.000 chinesische Betriebe in Prato, davon 3.600 Kleiderhersteller, zusammen erwirtschaften letztere einen Jahresumsatz von geschätzten 1,5 Milliarden Euro. Sie stellen »Pronto Moda« her, also billige Klamotten, die dem neusten Modetrend entsprechen, aber sie beliefern auch namhafte Modehäuser und – das ist der neuste Trend – den chinesischen Markt. Denn dort gelten Textilien »made in Italy« als Prestigeobjekte.

Doch was wie ein Märchen aus den Zeiten der Globalisierung klingt, zeigt auf den zweiten Blick seine düsteren Schattenseiten. Die chinesischen Arbeiter schuften in Prato unter ähnlich prekären Bedingungen wie ihre Kollegen in der Heimat. Zentrum der Produktion ist ein großes Industriegebiet im Süden der Stadt, das fest in chinesischer Hand liegt und deshalb den Beinamen »Marcolotto« erhalten hat.

Oft hausen die Chinesen in den gleichen Gebäuden, in denen sie auch ihrer Arbeit nachgehen, die Fenster abgeklebt, damit nachts kein verräterischer Lichtschein nach außen dringen kann. Wie Sklaven schuften sie, manchmal für nicht mehr als einen Euro pro Stunde, in einer versteckten Parallelwelt der Illegalität. Genau wie die Stoffe, die sie verarbeiten, wurden sie ins Land geschmuggelt, wobei die chinesische Mafia eine prosperierende Kooperation mit ihren italienischen Kollegen aus der Welt des organisierten Verbrechens eingegangen ist.

Die chinesischen Drahtzieher genießen derweil die Vorzüge des Kapitalismus in vollen Zügen, sie leisten sich italienische Designergarderobe und deutsche Nobelautos. Um dem Fiskus zu entgehen, schießen neue Mikrounternehmen wie Pilze aus dem Boden, während andere genauso schnell wieder verschwinden. Vor der Unübersichtlichkeit dieses wirren Ameisenhaufens kapitulieren die ohnehin oft nicht übermäßig effizienten italienischen Behörden dann entnervt.

Viele Unternehmen erwirtschaften einen Gutteil ihrer Erlöse, ohne ordnungsgemäß Steuern zu entrichten. Und der Löwenanteil des von den Arbeitern verdienten Geldes wird in die Heimat überwiesen. Bis zu 1,5 Millionen Euro werden Tag für Tag aus Prato nach China transferiert.

Kein Wunder, dass sich Unmut unter der italienischen Bevölkerung der Stadt regt. Prato hat gut 190.000 Einwohner, die Chinesen machen also mehr als ein Viertel davon aus. Man fühlt sich überfremdet, rassistische Ressentiments keimen auf. Die Chinesen wiederum fühlen sich von der italienischen Polizei gegängelt und von den Einheimischen ausgegrenzt. Die Situation scheint ziemlich verfahren zu sein.

Dabei bedienen die verbliebenen italienischen Textilbetriebe Pratos inzwischen eine ganz andere Nische. Sie haben sich auf hochwertige Stoffe und innovative Produkte spezialisiert, und diese werden – dank der guten Verbindungen nach China – auch zunehmend von Kunden in Fernost nachgefragt. Immerhin gibt es in Prato noch etwa 2.800 Textilunternehmen in italienischer Hand, die an die 20.000 Mitarbeiter beschäftigen und jährlich rund drei Milliarden Euro umsetzen.

Die Textilproduktion hat in Prato eine uralte Tradition. Schon seit dem Mittelalter bildete die Stadt das Zentrum der wollverarbeitenden Industrie. Als neue Maschinen im 19. Jahrhundert die Massenproduktion ermöglichten, zogen Pratos Stoffherstellungsbetriebe zahllose Einwanderer aus dem armen Süden Italiens an. Es erhielt den Beinamen »Lumpenzentrum Europas«.

Angesichts dessen erscheint die derzeitige Entwicklung allerdings nur konsequent.

Faraona farcita – gefülltes Perlhuhn

Zutaten für 4 Personen:

1 Perlhuhn mit Innereien
50 g Parmaschinken
50 g Salsiccia (italienische Bratwurst, alternativ grobe Bratwurst)
20 schwarze Oliven
100 g geriebener Parmesankäse
1 Ei, 2 Zwiebeln, 4 Knoblauchzehen, 300 ml Weißwein, 150 ml Vin Santo
4 Blätter Salbei, 8 Wacholderbeeren, 1 Bund Blattpetersilie, 2 Scheiben Weißbrot ohne Rinde, 100 ml Milch, Olivenöl, Pfeffer, Salz

Zubereitung:

Die Brotscheiben in der Milch einweichen. Das Perlhuhn ausnehmen und waschen. Herz und Leber klein schneiden, die Hälfte der Oliven hacken, alles in eine Schüssel geben. Die Petersilie hacken und dazugeben. Den Schinken klein schneiden und mit dem Inneren der Wurst, dem Parmesankäse, dem Ei und dem ausgedrückten Brot in die Schüssel geben. Salzen, pfeffern und alles miteinander vermengen.
Das Perlhuhn trocken tupfen, die Masse hineingeben, die Öffnung mit Küchengarn zunähen. Den Backofen auf 180°C vorheizen. Die Zwiebeln schälen und vierteln, die Knoblauchzehen häuten. Das Perlhuhn mit Olivenöl einpinseln, salzen, pfeffern und in eine Auflaufform legen. Zwiebeln, Knoblauch, Oliven, Salbeiblätter und Wacholderbeeren dazulegen, mit Wein und Vin Santo übergießen. 2 ½ Stunden in den Ofen stellen, dabei regelmäßig mit dem Sud übergießen und die Haut mehrfach kurz einstechen. Anschließend herausnehmen, die Sauce durch ein Sieb gießen und in eine Sauciere füllen.
Das Huhn tranchieren, die Fäden entfernen, die Füllung in Scheiben schneiden und mit den Oliven dazu anrichten. Mit Rosmarinkartoffeln servieren.

Teufelsbrücken und Geisterdörfer – die Garfagnana

Mein Besuch in der Toskana neigt sich langsam dem Ende zu. Bevor ich mich wieder auf die Heimreise ins Bergische Land mache, geht es heute noch in die Garfagnana. Das ist die Berglandschaft im Norden von Lucca, und sie unterscheidet sich geradezu dramatisch von unserer Hügellandschaft daheim in Deutschland.

Denn die Garfagnana ist natürlich deutlich höher. Es ist eine richtige Gebirgslandschaft mit schroffen Felsen, hohen Gipfeln und tief eingeschnittenen Tälern. Sie liegt zwischen den Apuanischen Alpen im Westen und dem östlichen Hauptgebirgszug des Apennins, dabei durchzieht sie der Flusslauf des Serchio.

Vor allen Dingen gibt es hier eines: Wald. Schaut man sich eine sommerliche Landschaftsaufnahme der Garfagnana an, so sieht man scharf abgegrenzte Bergkämme, von denen sich die Hänge im steilen Winkel abwärts ziehen, und alles ist tief dunkelgrün. Fast so, als hätte ein Riese das komplette Gebirge mit grünem Puderzucker überstreut.

Und das zeigt auch schon den zweiten großen Unterschied zu meiner bergischen Heimat: Daheim wechseln sich die Wälder mit Wiesen ab und überall findet man Häuser und kleine Dörfer. Unsere Region ist nämlich ziemlich zersiedelt. Doch nicht so die Garfagnana, hier erstreckt sich schier endlos nichts als reine Natur. Die wenigen Dörfer liegen ziemlich abgeschieden, deshalb ist das Leben noch ursprünglich und bodenständig, wie es sonst in Westeuropa selten geworden ist.

Die Wälder bestehen aus Steineichen, Pinien und vielen Edelkastanien. Das fand mein Hund gar nicht so lustig, bei unserer Wanderung machten ihm die spitzen Stacheln der überall herumliegenden Kastanienschalen arg zu schaffen. Ein Wermutstropfen für ihn, den die unberührte Natur ansonsten wirklich begeisterte. Im Naturpark dell'Orecchiella in 1.200 Metern Höhe existiert ein ausgeprägtes Wildleben, und deshalb entdeckte er überall aufregende Gerüche. Die Wälder sind bevölkert von Rehen, Hirschen, Wildschweinen und Mufflons, es gibt Marder, Wiesel, Murmeltiere, Füchse und Wölfe. Am Himmel kreisen Turmfalken, Bussarde, Sperber und Steinadler, auch gibt es Eulen, Wanderfalken, Wachteln, Rebhühner und viele andere Vogelarten.

Zu den bereits genannten häufigsten Bäumen gesellen sich Bergahorn, Goldregen, Hainbuche, Esche und Birke, außerdem Rottannen, Douglasien, Schwarzkiefern und Lärchen. Im Unterholz wachsen Wacholder, Hartriegel, wilde Rosen, Weißdorn sowie Rhododendren, es blühen wilde Pfingstrosen, Primeln, Geranien und Purpurenzian.

In der Garfagnana gibt es weder Autobahnen oder Schnellstraßen noch Industrie. Stattdessen existiert ein großes Netz von markierten Naturwanderwegen, Herausforderungen für geübte Trekkingwanderer, aber auch anspruchslosere Strecken für Waldspaziergänger. Wanderkarten weisen zudem die Touren mit Übernachtungsmöglichkeiten in Berghütten aus.

Die höchsten Berge sind der Monte Pisano mit 1.947 Metern und der Pania delle Croce mit 1.859 Metern, hier kommen auch Kletterer auf ihre Kosten. Und nicht zuletzt ist die Garfagnana ein Paradies für Reiter und Mountainbiker. Sie ist ein wildromantisches Refugium für jeden, der Naturbegegnungen fern der Alltagshektik sucht. Allerdings ist sie so ziemlich das Gegenteil dessen, was man sich landläufig unter der Toskana vorstellt.

Dennoch gibt es auch in der Garfagnana einige Sightseeing-Highlights. Da ist zum Beispiel die sogenannte »Teufelsbrücke«, der Ponte della Maddalena. Diese Brücke überspannt mit gewagtem Bogen den Serchio in Borgo a Mozzano, 3 Kilometer südlich des alten Thermalbadeortes Bagni di Lucca. Die Bäder von Bagni di Lucca hat übrigens schon Heinrich Heine besucht, herrschaftliche Villen und schöne Gartenanlagen erzählen noch heute von der prunkvollen Geschichte dieses ehemals mondänen Kurorts in der Garfagnana.

Die Teufelsbrücke ist 95 Meter lang und hat im Hauptbogen eine Spannweite von fast 38 Metern bei immerhin 18,5 Metern Höhe. Ihr Vorläufer entstand im 11. Jahrhundert, die heutige Brücke mit ihrer charakteristischen Form wurde im 13. Jahrhundert erbaut. Doch das stellte sich als gar nicht so einfach heraus. Der Brückenbaumeister musste feststellen, dass die Konstruktion ungeahnte Schwierigkeiten aufwarf und die termingerechte Fertigstellung des Bauwerks ihm schlicht unmöglich blieb. Verzweifelt saß er am Flussufer, da erschien der Teufel und schloss einen Pakt mit dem Mann. Der Teufel würde für seinen Teil die Brücke noch in der gleichen Nacht fertigstellen, im Gegenzug verlangte er die Seele des Ersten, der über die neue Brücke schreiten würde. So hob der Teufel die Brücke mit seiner Gabel an und schuf damit den hochgewölbten Bogen. Aber der Brückenbaumeister war schlau, er hielt am nächsten Morgen alle zurück, die über die neue Brücke gehen wollten, und trieb stattdessen als erstes ein Schwein hinüber. Der Teufel geriet außer sich vor Wut, sprang von der Brücke in den Fluss und ließ sich nie mehr in der Gegend blicken. So will es jedenfalls eine alte Legende wissen.

Die Grotta del Vento, die »Höhle des Windes«, ist eine spektakuläre Tropfsteinhöhle mitten im Nirgendwo der Garfagnana. Alle größeren Straßen sind weitab, deshalb erreicht man die Grotte nur auf schmalen, serpentinenreichen Wegen. Sie liegt nördlich des Weilers Fornovolasco, die etwas mühsamere Anreise wird unterwegs mit spektakulären Panoramen über die Berge und das Meer bis hin zu den vorgelagerten Inseln belohnt. Die 3,5 Kilometer lange Grotte selbst ist mit Zementwegen versehen worden, sodass man sie bequem durchwandern und die fantastischen Stalaktiten und Stalagmiten, die unterirdischen Seen und Flüsse sowie die prächtigen Sinterkaskaden bewundern kann. Führungen werden auch in deutscher Sprache angeboten.

Mitten in der Garfagnana befindet sich der Stausee Lago di Vagli bei den Dörfern Vagli di Sopra und Vagli di Sotto. Bei niedrigem Wasserstand ragt eine Kirchturmspitze aus dem See heraus, denn als er 1953 angelegt wurde, überflutete er das Dorf Fabbriche di Careggine. In Vagli di Sotto kann man ein Boot leihen und damit zu den Ruinen des Dorfs hinausrudern, die man unter der Wasseroberfläche erspähen kann. Etwa alle zehn Jahre musste der Stausee wegen Wartungsarbeiten trockengelegt werden, dabei kam das ganze versunkene Dorf zum Vorschein. Dann wurde es als »paese fantasma« – als Geisterdorf – zur Touristenattraktion. Zuletzt geschah das 1994, sehr zum Leidwesen aller Freunde dieses Spektakels wird es sich dank neuer Technologien wohl vorerst nicht wiederholen.

Die Garfagnana ist eine herrliche Naturlandschaft. Und das hat letztendlich auch meinen Hund mit den stachligen Kastanienschalen versöhnt. Die Ursprünglichkeit dieser Region bietet fantastische Gelegenheiten, um zwischen all den Besuchen in den Kunststädten der Toskana einmal ausgedehnt Luft zu holen.

Zuppa di farro della Garfagnana – Zweikornsuppe aus der Garfagnana

Zutaten für 4 Personen:

250 g Zweikorn (auch Emmer genannt, ersatzweise Dinkelkörner)
400 g Kartoffeln
100 g getrocknete weiße Cannellini-Bohnen
4 Blätter Mangold
2 Möhren, ¼ Sellerie
100 g durchwachsener Speck, 2 Zwiebeln
½ Bund Blattpetersilie
Olivenöl, Pfeffer, Salz

Zubereitung:

Die Cannellini-Bohnen mindestens 4 Stunden oder besser noch über Nacht in Wasser einweichen. Den Speck würfeln. Zwiebel, Sellerie und Möhren schälen bzw. putzen und ebenfalls klein würfeln. Die Kartoffeln schälen und in etwas größere Würfel schneiden. Die Mangoldblätter waschen und in kleine Streifen schneiden.

In einem Topf etwas Olivenöl erhitzen und den Speck darin scharf anbraten. Dann Zwiebeln, Möhren und Sellerie zugeben und ebenfalls anbraten. Mit ca. 1–1½ Liter Wasser ablöschen und das Zweikorn, die abgetropften Bohnen, Kartoffeln und Mangold hinzugeben. Salzen und pfeffern. 45 Minuten lang kochen lassen. Bei Bedarf noch etwas Wasser nachgeben.

In der Zwischenzeit die Petersilienblättchen abzupfen und klein hacken.

Zum Servieren die Suppe auf Tellern anrichten und mit Olivenöl beträufeln. Zum Schluss jeweils etwas Petersilie darüberstreuen.

Mit frischem Bauernbrot oder Focaccia servieren.

Das Plastik der Renaissance – ein ganz besonderer Gips

Zum Abschied hat Francesca mir eine hübsche Schale geschenkt. Es wirkt fast, als sei diese aus Marmor, aber im Gegensatz dazu fühlt sie sich warm und etwas speckig an. Außerdem ist sie recht durchscheinend, fast schon transparent. Stellt man am Abend ein Teelicht hinein, dann leuchtet sie geheimnisvoll. Das Material ist deutlich weicher als Carraramarmor, wenn auch genauso weiß. Es handelt sich um Alabaster.

Alabaster ist eine Variante des Minerals Gips. Francesca hat die Schale in Volterra gekauft, denn Volterra ist Italiens Alabasterstadt. In der Umgebung der alten etruskischen Stadt findet man »ovuli« und »arnioni« – Eier und Nieren. Aber die sind nicht essbar, es sind zwischen 20 und 150 Kilogramm schwere Gebilde aus Calciumsulfat, also Gips.

Früher einmal – vor vielen, vielen Jahrmillionen – befand sich da, wo heute Volterra liegt, ein Meer. Das Meer trocknete im Laufe der Zeit aus und schrumpfte dabei zu großen, kalkhaltigen Seen. Dann verdunsteten auch diese Seen – alles im Zeitraum von Millionen von Jahren, versteht sich. Übrig blieb das Calciumsulfat.

Man findet es – zusammengeballt zu Alabaster-Eiern – in Tiefen zwischen einigen wenigen und bis zu 300 Metern. Es gibt zahlreiche verschiedene Arten des Volterra-Alabasters, er gilt als wertvollster Alabaster der Welt. Nirgends sonst ist Alabaster so transparent, und nirgends gibt es so zahlreiche unterschiedliche Farbvarianten wie in der Gegend von Volterra. Man baut ihn in großen Gruben zumeist im Tagebau ab und verarbeitet ihn dann zu dekorativen Gebrauchsgegenständen und Kunstwerken. Alabaster ist weich wie Holz und lässt sich daher gut schnitzen. Selbst feinste Details kann man im Alabaster problemlos darstellen. Allerdings ist er auch weich und witterungsanfällig. Daher sollte man Produkte aus Alabaster nur im Innenbereich verwenden, wenn man lange etwas davon haben will.

Nicht umsonst spricht man von einer »Haut wie Alabaster«. Alabaster ist glatt und rein, er fühlt sich warm und sanft an. Deshalb benutzten reiche Ägypterinnen schon vor 4.000 Jahren gemahlenen Alabaster und mischten diesen ihren Salben, Pudern und Cremes bei. Davon erhofften sie sich die Übertragung der Eigenschaften des Minerals auf ihre eigene Haut. Die Kosmetika bewahrten sie in kostbaren Tiegeln auf, ebenfalls aus Alabaster gefertigt. Außerdem gab es raffinierte Alabasterlampen, in die Reliefs eingeschnitzt waren, die erst sichtbar wurden, wenn man ein Licht im Inneren der Lampe entzündete. Der ägyptische Alabaster hat allerdings eine andere chemische Zusammensetzung als der weichere und reinere Alabaster aus Volterra.

Die in der Gegend von Volterra lebenden Etrusker kannten bereits die Vorzüge dieses Materials. Sie fertigten Artefakte wie Urnen und Kästchen daraus. Die Römer nutzten den Alabaster für Wandverkleidungen, Gefäße und Lampen. Bis ins frühe Mittelalter hinein war das Material hochgeschätzt und entsprechend begehrt.

Doch dann geriet der Alabaster aus unbekannten Gründen in Vergessenheit. Es dauerte bis zum 16. Jahrhundert, bis man sich eine neue Verwendungsmöglichkeit einfallen ließ: Dünn geschnitten diente er nun als Kirchenfenster. Ihn dafür zu bearbeiten, ging relativ leicht, zudem kostete der Alabaster deutlich weniger als Glas. Denn flaches, für Fensterscheiben geeignetes Glas herzustellen, erforderte noch komplizierte Verfahren.

Die Verwendung als Glasersatz brachte den Alabaster allerdings als Billigware in Verruf. Außerdem verglich man ihn mit dem harten Carraramarmor, der weiter im Norden abgebaut wurde. Dagegen fiel der weiche Alabaster natürlich ab, deshalb verkam er zum minderwertigen Armeleute-Marmor. Man machte schlichte Alltagsgefäße daraus, tauchte man diese in siedendes Wasser, so verloren sie den für Alabaster typischen Glanz und sahen wie richtiger Marmor aus.

In Volterra entstand eine Massenproduktion von diesen Haushaltswaren, die von Handwerkern ohne jede künstlerische Ausbildung angefertigt wurden. Frauen und Kinder stellten einfache Perlen aus den Alabasterresten her, die als »Volterraner Perlen« zu Rosenkränzen aufgefädelt wurden. Gehobenen Ansprüchen konnten diese Dinge allerdings nicht genügen. Alabaster stand im Ruf, billiges Zeug zu sein – das Plastik der Renaissance.

Doch eines Tages erkannte ein Volterraner Adelsmann die Schönheit des Alabasters seiner Heimat. Die Vergeudung des Materials durch unfähige Handwerker betrübte ihn zutiefst. So gründete er eine Schule und holte talentierte Schnitzer aus dem In- und Ausland, die fortan den kunstvollen Umgang mit Alabaster lehrten. Es entstanden wunderschöne Kunstobjekte, die schnell Freunde in aller Welt fanden. In Volterra schossen die Kunstschnitzereibetriebe wie Pilze aus dem Boden.

Deshalb gibt es hier noch heute zahlreiche Werkstätten und Läden, die alle möglichen Produkte aus Alabaster verkaufen.

Darunter befindet sich viel minderwertiger Kitsch, man kann aber auch wunderschöne Stücke entdecken. Da gibt es glänzende, transparente Pferdeskulpturen und anmutig fließende Menschengestalten, Vasen mit komplizierten Perforationen, Schachspiele, Teller, Schalen, Schmuckkästchen und vieles mehr. Der Alabaster variiert dabei von fast durchsichtigen über weiße, elfenbeinfarbene oder gelbe, rötliche, dunkelbraune, grüngraue bis hin zu schwarzen Spielarten.

In den Manufakturen sieht man die Handwerker, wie sie mit Hammer und Meißel, Fräsen, Raspeln, Feilen und Schleifpapier ihrer Arbeit nachgehen. Auf Drehscheiben kreisen Alabasterbrocken und erhalten dabei gleichmäßige Rundungen, mit spitzen Werkzeugen werden feinste Muster in das Material geschnitzt. In Volterra existiert die weltweit einzige Schule für Alabasterkunst, und so kommt es, dass nicht nur gefällige Gegenstände für den Massenverkauf entstehen, sondern auch wirkliche Meisterstücke.

Qualitätsprodukte aus Volterra erhalten inzwischen ein spezielles Gütesiegel. Das Projekt »Ecomuseo« informiert an mehreren Standorten über Abbau und Verarbeitung des Materials, neben den Ausstellungsräumen in der Stadt selbst gehört dazu zum Beispiel auch ein unterirdischer Abbauort mit Bergwerksmuseum.

Für die Herstellung der billigsten Souvenirs wird der Alabasterstaub mit Kunstharz vermischt und in Formen gepresst. Dann findet man ihn in Gestalt von unzähligen Musikerbüsten, Miniatur-Davids, Seepferdchen und sonstigem Krimskrams wieder, der für wenige Euro an die Touristen verscherbelt wird. Natürlich gibt es dafür kein Gütesiegel.

Heimlich habe ich meine Alabasterschale etwas genauer inspiziert. Sie ist schlicht und schnörkellos, aber handgeschnitzt. Francesca hat sich nicht lumpen lassen!

Gnocchi alla Fiorentina

Zutaten für vier Personen:

1 kg Kartoffeln
4 Eier
2 El Kartoffelstärke
500 g Blattspinat
3 kg Tomaten
1 Bd. Basilikum
geriebene Muskatnuss
Olivenöl
Salz, Pfeffer
Mehl für die Arbeitsfläche

Zubereitung:

Die Die Tomaten entkernen und in Würfel schneiden. In einem Topf etwas Olivenöl erhitzen, die Tomaten zugeben, aufkochen und unter Rühren bei reduzierter Hitze etwa 1 Stunde köcheln lassen. Mit Salz und Pfeffer würzen.

Geschälte Kartoffeln in Salzwasser garen und zu Püree stampfen, mit Salz abschmecken. Drei Eier in Eigelb und Eiweiß trennen, die Eiweiße aufheben. Das übrige Ei, die Eigelbe und die Kartoffelstärke zum Püree geben und gut durchmischen. ½ Stunde ruhen lassen. Den Spinat putzen und waschen, nass ohne Wasser in einen Topf geben und kochen, bis er zusammenfällt. Mit Salz, Pfeffer und Muskatnuss abschmecken. Die Püreemasse auf einer eingemehlten Arbeitsfläche ausrollen. Den Spinat löffelweise darauf verteilen, die Masse rings um den Spinatklecks ausstechen und kleine Gnocchi-Kügelchen darum formen, an den Rändern jeweils gut zusammendrücken. Das Eiweiß mit einer Prise Salz steif schlagen und die Gnocchi darin wälzen. In einer hohen Pfanne reichlich Olivenöl erhitzen und die Gnocchi goldbraun ausbacken.

Die Basilikumblättchen abzupfen und grob zerreißen. Die Hälfte davon in die Tomatensauce einrühren. Die Tomatensauce auf Tellern verteilen, die Gnocchi darauf anrichten und mit dem restlichen Basilikum überstreuen.

Das letzte Wort

Liebe Leser,

ich hoffe, Ihnen hat unser Ausflug in die Toskana gefallen. Natürlich freue ich mich über Ihre Tipps, Hinweise oder Anregungen und ich beantworte auch gerne Ihre Fragen. Schreiben Sie mir einfach an kontakt@almutirmscher.de.

Versäumen Sie bitte nicht die Fotos aus der Toskana auf **www.almutirmscher.de**!

Arrivederci in Toscana!

Ihre
Almut Irmscher

Danksagung

Ich danke allen, die mich mit Tipps und Anregungen unterstützt haben.

Ganz besonders danke ich meinem Mann Ulrich Otto, ohne seinen Rat, seine Korrekturen, seine Aufmunterungen und seine ständige Bereitschaft, mir alle Hindernisse aus dem Weg zu räumen, wäre meine Arbeit nicht möglich gewesen.

Mein herzlicher Dank geht an Rosi Seidl, die die Fotoalben auf meiner Seite www.almutirmscher.de mit ihren schönen Bildern bereichert.

Besonderer Dank gebührt auch meiner Freundin Gunhild Hexamer, die mich nicht nur durch die Jahrzehnte des Lebens begleitet hat, sondern auch die Entstehung meiner Bücher jedes Mal aufs Neue unermüdlich und engagiert mit ihren Hinweisen, Korrekturen und Anregungen begleitet. Sie ist es auch gewesen, die mir überhaupt erst den Anstoß zum Schreiben gegeben hat. Ohne Gunhild gäbe es meine Bücher nicht.

Gunhild ist selbst Autorin, wenn Sie sich für Nordamerika interessieren, dann empfehle ich Ihnen ihre Bücher, die Sie auf ihrer Website www.ghexamer.de finden.

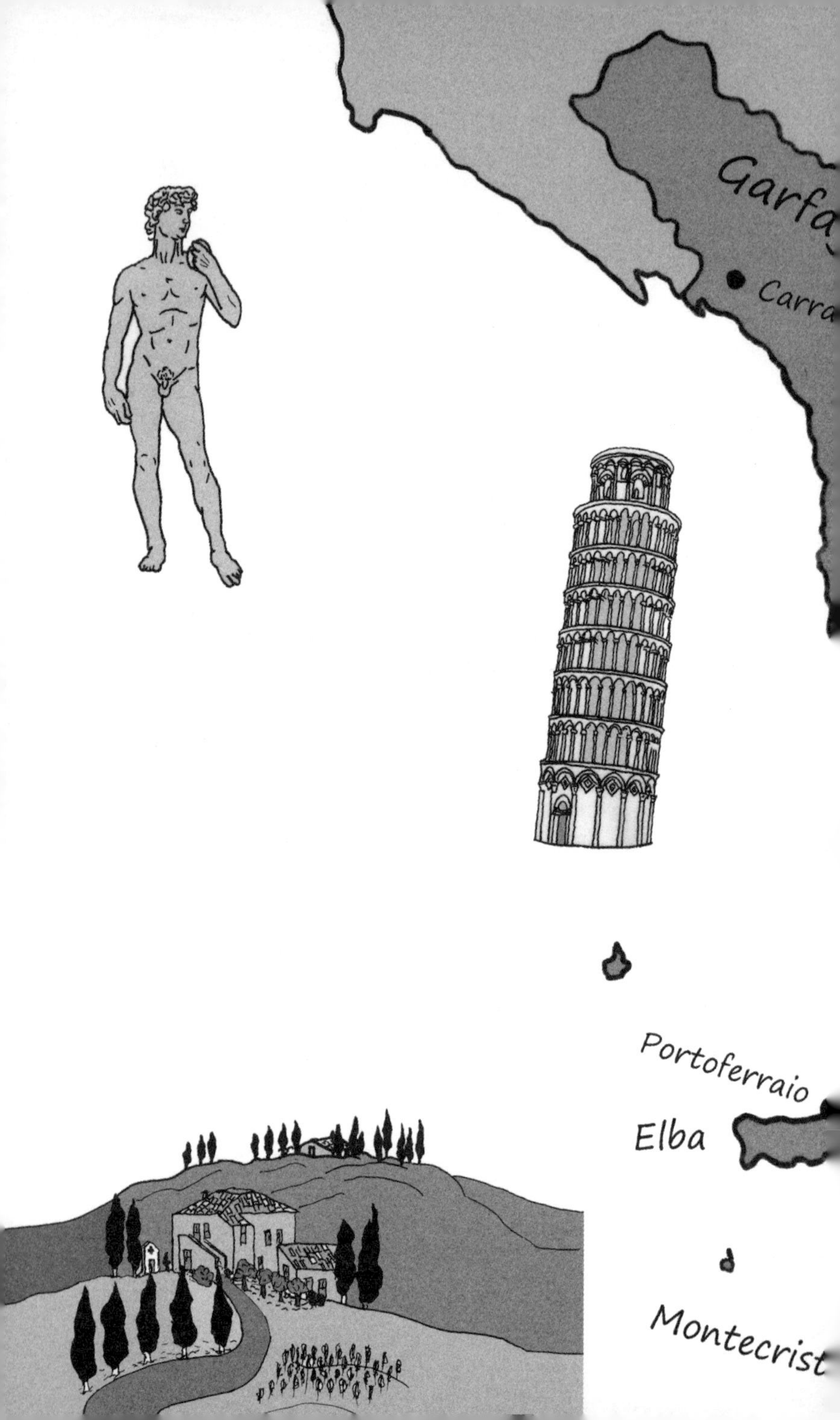
Garfa
Carra
Portoferraio
Elba
Montecrist

Collodi
Prato
Vinci
Lucca
Florenz
isa
Chianti
Certaldo
Arezzo
San Gimignano
Volterra
Siena
Crete
Senesi
Montalcino
Pienza
Montepulciano
Grosseto
Maremma
Saturnia
Giardino
dei
Tarocchi

Castelnuovo dell`Abate, Montalcino

Bei Siena

rete Senesi

Crete Senesi

Ernte in der Toskana

Dom von Florenz

David, Florenz

Dom von Florenz

onte Vecchio, Florenz

alazzo Vecchio, Florenz

Florenz

Schiefer Turm

Schiefer Turm

Dom und Schiefer Turm

alazzo Vecchio, Florenz

Jffizien, Florenz

Campanile, Florenz

Palio, Siena

Dom in Siena

Contrada della Torre, Siena

Ein Dorf bei Lucca

n der Maremma

Siena

Forte de Marmi

In der Maremma

andschschaft bei Siena

ebliger Frühlingsmorgen in Chianti

Feedback

Wie hat Ihnen das vorliegende Buch gefallen?
Bitte scannen Sie den QR-Code und beantworten Sie uns einige Fragen. Das hilft dem MANA-Verlag auch bei der Entwicklung neuer Titel. – Vielen Dank!